Gott auf schiefer Bahn

Udo Körner

Gott auf schiefer Bahn

Texte zu Advent und Weihnachten

Verlag Friedrich Pustet
Regensburg

Den Mitbrüdern
Hans Dittmann
zum 40-jährigen Priesterjubiläum
Josef Mohr
zum 25-jährigen Priesterjubiläum
Gerhard Schmutz
zum 65. Geburtstag
in Freundschaft gewidmet

Die Deutsche Bibliothek – CIP-Einheitsaufnahme
Ein Titeldatensatz für diese Publikation ist bei
Der Deutschen Bibliothek erhältlich.

ISBN 3-7917-1813-4
© 2002 by Verlag Friedrich Pustet, Regensburg
Umschlaggestaltung: Martin Veicht. form fünf, Regensburg
Umschlagmotiv: © Art Montes de Oca, getty images
Gesamtherstellung: Friedrich Pustet, Regensburg
Printed in Germany 2002

Inhalt

Vorwort 7

ADVENT

Jesus – die Tür 11
Jesus – der Morgenstern 17
Jesus – der Hirt 22
Jesus – der Bräutigam 27
Mitten unter euch 32
Glaubenszeugnis aus dem Gefängnis 38

WEIHNACHTEN

Er ist hier, Er liebt mich 47
Ein Bruder qualgeknickt 52
Gott zum Anfassen 58
Gott auf schiefer Bahn 63
Mit Gott in Frieden stehn 68
Wie viel wir Gott wert sind 73
Marias Weihnachtswunder 77
Von unaussprechlichem Licht und Glanz 84

NEUJAHR

Glück und Segen 93
Mit Gott ringen 109
Ein kostbares Wort 114

EPIPHANIE

Drei Weisen des Glaubens 121
Vom Osten in den Westen 126
Vom wahren Reichtum 131

Bild- und Quellennachweis 136

Vorwort

Nachdem mein Advents- und Weihnachtsbuch »Auf Tuchfühlung mit Gott« eine erstaunliche Resonanz gefunden hat, wage ich es noch einmal, ein neues Weihnachtsbuch in die Hände interessierter Leserinnen und Leser zu legen. Ich tue es in der Annahme, dass doch mehr Menschen, als wir gemeinhin ahnen, nach Texten Ausschau halten, die ihnen Anregung oder auch »geistliche« Nahrung bieten – gerade in dieser vorweihnachtlichen Zeit.
Ich habe wieder Bildmeditationen, Gedichtsinterpretationen, Predigten und Essays verfasst, von denen ich hoffe, dass sie für den persönlichen Gebrauch wie für die Gemeindearbeit und den Verkündigungsdienst geeignet sind. Gerade die festgefügten Zeiten im Kirchenjahr (Adventszeit, Fastenzeit) laden dazu ein, ein bestimmtes Thema von verschiedenen Seiten aus zu beleuchten. Im letzten Buch waren es die adventlichen Stichworte »wachet«, »tauet«, »tröste«, »komm«. Jetzt sind es Bilder von Jesus, die seine Ankunft unter uns – gerade auch in den Adventsliedern – zum Ausdruck bringen: »die Tür«, »der Morgenstern«, »der Hirt«, »der Bräutigam«. Vielleicht kommt in diesen eigentlich bekannten Bildern doch der eine oder andere Gesichtspunkt zum Tragen, der bisher so noch nicht gesehen oder bedacht wurde.
Die Bildmeditationen eignen sich gut für die in diesen Zeiten stattfindenden Frühschichten, Besinnungstage oder Gemeindefeiern. Sie an bestimmten Stellen durch passende Musik zu unterbrechen, um eine persönliche Betrachtung zu ermöglichen, ist auf jeden Fall sinnvoll. Die Deutungen von Gedichten, die ich während meiner Schulzeit nicht so sehr mochte, habe ich aber doch im Laufe der Jahre schätzen gelernt, weil oft über die dichterische Sprache oder die ungewöhnlichen Bilder ein neuer, mitunter eigenwilliger Zugang zum Glauben geschaffen und gewonnen wurde. Darum ist die Lektüre von Gedichten immer zu empfehlen, weil sie unseren Blickwinkel positiv weiten oder verschieben können.
Der Buchtitel, ein wenig provokativ, wurde angeregt durch einen

Holzschnitt von HAP Grieshaber und möchte bewusst einen Gegenakzent zu der üblichen oberflächlichen Weihnachtstümelei setzen. Nicht zuletzt deshalb, um sich stets zu vergegenwärtigen, dass das Geheimnis der Menschwerdung Gottes nie genug betrachtet, aber auch nie ausgeschöpft werden kann.

Udo Körner

ADVENT

Jesus – die Tür

*Westportal der westromanischen Walterichskapelle
am Nordturm der evangelischen Stadtkirche in Murrhardt*

»Macht hoch die Tür, die Tor macht weit,
es kommt der Herr der Herrlichkeit ...« (GL 107).
»Macht weit die Pforten in der Welt!
Ein König ist's, der Einzug hält ...« (GL 802).
»Reiß ab vom Himmel Tor und Tür,
reiß ab, wo Schloss und Riegel für ...« (GL 105).
»Hebet, Tore, eure Häupter,
erhebt euch, Pforten der Ewigkeit,
dass der König der Herrlichkeit komme ...« (GL 118,1).
»Denn verschlossen war das Tor,
bis der Heiland trat hervor ...« (GL 803).

Selbst denen, die der Kirche fern stehen oder gar ausgetreten sind, sind sie immer noch im Ohr: die »Türen« und »Tore«, die sich öffnen sollen, damit »der Herr der Herrlichkeit« kommen und Einzug halten kann – mindestens zu Weihnachten mit Tannenbaum und vielen Geschenken! Zählen doch diese Liedstrophen zu den beliebtesten und bekanntesten des Advents, lassen so angenehme Kindheitserinnerungen wach werden. Tür und Tor sind ja auch uralte Bilder, die jeder Mensch aus eigener Erfahrung kennt und deren Symbolgehalt auch leicht versteht. Türen, Tore, Pforten muss man durchschreiten. So führen sie uns von einem Ort oder Bereich zu einem anderen. Die Schwelle muss »über-schritten« werden. Schwellenangst zählt nicht. Nur so gelangen wir von Bekanntem, Vertrautem zu Unbekanntem, Andersartigem, Neuem. Gleichsam aus einer Welt in die andere. Letztlich auch aus dem Diesseits ins Jenseits. Aus der Zeit in die Ewigkeit. Hinter Türen und Toren verbergen sich nicht selten große Geheimnisse, ungeahnte Schätze, von denen man nur träumen kann. Freilich: Dazu bedarf es *offener* Türen und Tore. Und alle können unschwer mitempfinden, wie betrüblich und enttäuschend es ist, vor verschlossenen Türen und Toren zu stehen. Etwa bei berühmten Kirchen und Museen, beim Bäckerladen oder auch bei einem überraschenden Hausbesuch. Dem Wunsch, durch die Tür ins Innere einzutreten, in den ersehnten Bereich zu kommen, werden so unerwartet Schranken gesetzt. Doch hat umgekehrt die verschlossene Tür auch wieder einen positiven Aspekt. Sie bewahrt uns vor unangenehmen Besuchern und Zwischenfällen, vor Einbrüchen und Überfällen und gibt uns so Schutz, Sicherheit, Geborgenheit. Ob aufgeschlossen oder abgeschlossen: Wir treffen so auf Türen und Tore in vielfältiger und ganz gegensätzlicher Weise: Haustür und Hoftür, Klostertür und Gefängnistür, Höhlentür und Tempeltür. Zu guter Letzt auch noch die »Himmelstür« und das »Höllentor«!

1.

Von beeindruckender Macht und Pracht sind oft die großartigen, überaus kunstvoll gestalteten Tore der asiatischen Tempel oder die gewaltigen Portale unserer mittelalterlichen Kirchen und Kathedralen. Eine schier unfassbare Fülle an Gedanken, mythischen und volkskundlichen Einflüssen, zeitlosen wie zeitbedingten Glaubensvorstellungen tut sich vor den Augen der Betrachter auf. Immer getragen auch von der Absicht, die Geheimnisse »dahinter«, jenseits der Pforten und Portale ahnbar und spürbar werden zu lassen. Tief berührt mich aber auch immer wieder jene kleine, unscheinbare, schmucklose Tür, die ins Innere der Geburtskirche in Bethlehem führt. Was für ein Symbol! Ob Kaiser oder Bettler, Pilger oder Tourist, Mann oder Frau, Freund oder Feind: Ausnahmslos alle müssen sich bücken, »klein« machen, um ins Heiligtum zu gelangen. Sichtbares und zugleich »gebührendes« Verhalten dem gegenüber, der sich »für uns Menschen und zu unserem Heil« erniedrigt, »hinab-gebeugt« hat und bis zum Tod am Kreuz gehorsam geworden ist (Phil 2,8). Gleichzeitig aber ruft diese niedrige Tür Jesu Wort in Erinnerung und zur Mahnung: »Geht durch das enge Tor! Denn das Tor ist weit, das ins Verderben führt, und der Weg dahin ist breit, und viele gehen auf ihm. Aber das Tor, das zum Leben führt, ist eng, und der Weg dahin ist schmal, und nur wenige finden ihn« (Mt 7,13–14). Ob das alles wohl auch den zahlreichen oberflächlichen Touristenströmen zu Bewusstsein kommt?

2.

»Macht hoch die Tür, die Tor macht weit« – »Reiß ab vom Himmel Tor und Tür, reiß ab, wo Schloss und Riegel für«: Von beidem sprechen unsere Adventslieder. Öffnen und schließen. Einlassen und aussperren. Auch aufnehmen und ablehnen. Empfangen und verweigern. Beim ersten Lied stand der Psalm 24 Pate, wohl mit den Versen 7–10 ein altes Prozessionslied mit liturgischem Wechselgesang aufnehmend und den Einzug Jahwes in sein Tempelheiligtum bejubelnd: »Ihr Tore, hebt euch nach oben, hebt euch, ihr uralten Pforten; denn es kommt der König der Herrlichkeit. Wer ist der König der Herrlichkeit? Der Herr der Heerscharen, er ist der König der Herrlichkeit«. Das verschlossene »Himmelstor« dagegen bringt einen anderen Aspekt. Nach spätjüdischen Vorstellungen können sowohl Gott als auch der Mensch das Himmelstor öffnen: der Mensch durch Tränen der Zerknirschung und durch die Inbrunst seiner Gebete, Gott durch die dadurch gewährte Gnade und Vergebung. Davon spricht sogar noch die Geheime Offenbarung des Johannes, wo der erhöhte Christus zur Gemeinde in Laodizea sagt: »Mach also ernst, und kehr um! Siehe, ich stehe vor der Tür und klopfe an. Wer meine Stimme hört und die Tür öffnet, bei dem werde ich eintreten, und ich werde mit ihm Mahl halten und er mit mir« (Offb 3,20). Gott also er-öffnet sich dem Menschen, öffnet die Tore des Erbarmens und der Tränen. Und: »Alle Tore sind geschlossen, außer den Toren der Bedrängnis«, lautet eine jüdische Weisheit. Den Bedrängten steht also immer Gottes Ohr offen. Und ruft den Messias auf den Plan. Und, so meine ich, nach unserem christlichen Verständnis ist das Jesus.

3.

»Ich bin die Tür zu den Schafen« – »Ich bin die Tür; wer durch mich hineingeht, wird gerettet werden; er wird ein- und ausgehen und Weide finden« (Joh 10,7.9). Dahinter steckt ein unglaublicher Anspruch Jesu. Mit ganz feinen Unterschieden. Einmal versteht er sich als »Tür zu den Schafen«. Also als von Gott gewollter, von Gott bestimmter »Weg«, »Durchgang« zu den Menschen. Ganz im

Gegensatz zu denen, die – wie »Diebe und Räuber« – heimtückisch »einbrechen« und ohne und gegen Jesus »Hirtengewalt« über Gottes Herde beanspruchen und ausüben wollen. Zum andern ist Jesus die Tür, die zum Heil und Leben und zur Rettung führt. Mit diesem einleuchtend einfachen Bild versteht sich Jesus als »Mittler auf der Schwelle«, der in dreifacher Weise den Menschen Heil verheißt und Heil bringt: Rettung vor dem kommenden Gericht, Heimatrecht bei Gott und in der von ihm erwählten Gemeinde und schließlich ewiges Leben, »Leben in Fülle« (Joh 10,10). »Wer durch mich hineingeht, wird gerettet werden, ein- und ausgehen, Weide finden« – das sind die Bilder, die Jesus dafür gebraucht. Darin also ist das Heil des Menschen be-schlossen – und sind alle anderen »Heilsvermittlungen« ausgeschlossen. Zugleich gilt von jetzt an nicht mehr »Verschlossen war das Tor« und »Reiß ab vom Himmel Tor und Tür«, sondern die Ohr und Herz öffnende frohe Botschaft »Heut schließt er wieder auf die Tür / zum schönen Paradeis ...« Wir sind hereingelassen, aufgenommen – und stehen nicht mehr »draußen vor der Tür«! Durch ihn ist die Tür zum Vater ein für allemal geöffnet. Denn: »So spricht der Heilige, der Wahrhaftige; der den Schlüssel Davids hat, der öffnet, so dass niemand mehr schließen kann, der schließt, so dass niemand mehr öffnen kann. Ich kenne deine Werke, und ich habe vor dir eine Tür geöffnet, die niemand mehr schließen kann« (Offb 3,7–8).

4.

Darum singen wir immer wieder »Macht hoch die Tür, die Tor macht weit, es kommt der Herr der Herrlichkeit ...« – »Öffnet die Tore für Christus«, hat Papst Johannes Paul II. gleich bei seinem Amtsantritt der Welt und vor allem der Jugend zugerufen. Das gilt jetzt besonders für diese Adventszeit und das kommende Weihnachtsfest. Denn »der Tag der offenen Tür« ist angebrochen! Ein uns geläufiges und wirklich passendes Bild. Jede umgebaute Sparkasse, jeder neu eröffnete Supermarkt, jede neu eingeweihte Schule macht einen solchen »Tag der offenen Tür«. Freilich nicht nur, um Neugier oder Bewunderung bei den Menschen zu wecken, sondern mit der Absicht, neue Kunden, Interessenten,

Mitglieder zu werben. Das müsste auch uns Christen bewegen, unsere Mitmenschen für diesen »Tag der offenen Tür« zu gewinnen, sich einzulassen auf den, der uns heilend und rettend nahe sein will. Jesus: die Tür zum Vater und die Tür zum Menschen. Und nicht nur dann und wann, sondern »Tag und Nacht geöffnet«! Mit Paulus können wir immer nur bitten und uns gegenseitig ermutigen: »Betet auch für uns, damit Gott uns eine Tür öffnet für das Wort und wir das Geheimnis Christi predigen können.« (Kol 4,3). Aus tiefem Vertrauen und umso glaubwürdiger können wir dann auch singen:

»Komm, o mein Heiland Jesu Christ,
meins Herzens Tür dir offen ist.
Ach zieh mit deiner Gnade ein,
dein Freundlichkeit auch uns erschein ...« (GL 107,5).

Jesus – der Morgenstern

»Wie schön leuchtet der Morgenstern,
voll Gnad und Wahrheit von dem Herrn
uns herrlich aufgegangen ...« (GL 554).
»Morgenstern der finstern Nacht,
der die Welt voll Freuden macht,
Jesulein (später: Jesu mein), komm herein,
leucht in meines Herzens Schrein ...« (GL 555).
»Die Nacht ist vorgedrungen, der Tag ist nicht mehr fern.
So sei nun Lob gesungen dem hellen Morgenstern.
Auch wer zur Nacht geweinet, der stimme froh mit ein.
Der Morgenstern bescheinet auch deine Angst und Pein«
(GL 111).

Erstaunlich, wie sich dieses Bild vom »Morgenstern« durch die Adventslieder zieht. Das erste Lied ist von Philipp Nicolai, dem Verfasser und Vertoner von »Wachet auf, ruft uns die Stimme«, das zweite vom berühmten Barockdichter und Barockmystiker Angelus Silesius, und das dritte von Jochen Klepper (1903–1942), dem evangelischen Schriftsteller und Dichter auch anderer schöner Kirchenlieder. Natürlich haben sie das Bild vom »Morgenstern« nicht »er-dichtet«, sondern in der Heiligen Schrift vorgefunden. Zweimal kommt es im Munde des erhöhten Jesus vor – in der Geheimen Offenbarung des Johannes. »Wer siegt und bis zum Ende an den Werken festhält, die ich gebiete, dem werde ich Macht über die Völker geben ... wie auch ich sie von meinem Vater empfangen habe, und ich werde ihm den Morgenstern geben« (Offb 2,26–28). Dieses Wort Jesu an die Gemeinde in Thyatira ist schwer zu deuten. Wahrscheinlich wird – wie in den Versen zuvor – nochmals dem Glaubenstreuen die Lebensgemeinschaft mit Jesus und damit Anteil an seiner göttlichen Macht zugesprochen. Eindeutiger ist da schon das andere Jesuswort: »Ich, Jesus, habe meinen Engel gesandt, was die Gemeinden betrifft. Ich bin die Wurzel und der

Stamm Davids, der strahlende Morgenstern« (Offb 22,16). So am Ende der Geheimen Offenbarung. Hier kommt ganz deutlich die adventliche Erwartung und Hoffnung zum Ausdruck. Jesus, der sich durch seinen Offenbarungsengel dem Johannes und den Gemeinden kundgetan hat und sich für die Gültigkeit und Rechtmäßigkeit seiner Weissagung verbürgt, gibt sich als der erwartete »Davidsspross«, die »Wurzel Jesse« (s. a. Offb 5,5!) zu erkennen. Zugleich ein Hinweis auf Jesus Sirach (47,22): »Gott aber hat seine Huld nicht aufgegeben, und keines seiner Worte unerfüllt gelassen. So hat er Jakob einen Rest gelassen und David einen Wurzelspross aus ihm selbst«. Sich selbst nennt Jesus »der strahlende Morgenstern«. Er selbst führt den Tag der Heilszeit herauf. Mit ihm wird sich die messianische Sehnsucht der Menschen erfüllen, die im Alten Testament von Bileam so ausgesprochen wurde: »Ich sehe ihn, aber nicht jetzt, ich erblicke ihn, aber nicht in der Nähe: Ein Stern geht in Jakob auf, ein Zepter erhebt sich in Israel.« (Num 24,17). Gewiss hat Matthäus das Bild dieses wundersamen, geheimnisvollen Sterns aufgegriffen und in seiner Geschichte von den Weisen aus dem Morgenland verarbeitet.

1.

Auch im 2. Petrusbrief ist die Rede vom »Morgenstern«. Und zwar als dem Zeichen, an dem das Kommen Jesu und die damit verbundene Erfüllung unseres Heils sich ablesen lässt. Es wird zunächst auf die Verklärung Jesu auf dem Berg hingewiesen, bei der Gott in »erhabener Herrlichkeit« sich zu ihm als dem geliebten Sohn bekannt hat und dessen Zeuge Petrus war (2 Petr 1,17–18). So heißt es weiter: »Dadurch ist das Wort der Propheten für uns noch sicherer geworden, und ihr tut gut daran, es zu beachten; denn es ist ein Licht, das an einem finsteren Ort scheint, bis der Tag anbricht und der Morgenstern aufgeht in eurem Herzen« (2 Petr 1,19). Das will sagen: Der Verklärung damals machte bereits die Ehre und göttliche Herrlichkeit Jesu – wenn auch nur für einen kurzen Augenblick und vor wenigen Zeugen – von Gott her sichtbar. Das sind nicht »ausgeklügelte Fabeln«, sondern nimmt nur vorweg und garantiert jene Wiederkunft »in Macht und Herrlichkeit«, die bereits die Propheten ankündigten. Diese alttestamentliche Prophetie wird vom Briefschreiber als »Licht an einem finsteren Ort« beschrieben. Das meint wohl »Licht« in einer irrenden, schuldigen, todgeweihten Welt. Und zwar so lange, »bis der Tag anbricht«, das heißt: der Tag der Wiederkunft, der Neu-ankunft Jesu in dieser Welt. Dann geht Jesus wie der »Morgenstern« in unseren Herzen auf. Und wir werden sehen und erkennen, wie und was er – für uns – ist.

2.

Seit altersher haben die Sterne eine besondere Faszination auf die Menschen und Völker ausgeübt. Bis heute. Märchen und Mythen, Sternforscher und Sterndeuter sind ihrem geheimnisvollen Zauber immer wieder erlegen. Für die Religionen waren sie Symbole für den ewigen Kampf von Licht und Finsternis, von Geist und Materie. Man sah in ihnen Götter und verehrte sie, las aus ihrem Aufleuchten und Verlöschen Glück und Niedergang oder gar Katastrophen heraus. Also: »Sternstunden der Menschheit«! Auch uns »modernen«, »aufgeklärten« Menschen von heute keineswegs fremd oder unverständlich. Noch immer gilt für viele Immanuel Kants berühmter Satz, was ihn mit zunehmender Bewunderung und Ehrfurcht erfülle: »Der bestirnte Himmel über mir und das moralische Gesetz in mir«. Auffällig auch, wie die Sterne recht oft in unserer Alltagssprache vorkommen: »Nach den Sternen greifen« oder »die Sterne vom Himmel holen«, um für das Lebensglück alles zu wagen. »Unter keinem guten Stern geboren sein« oder »stehen« oder »keinen Stern am Himmel haben« meint genau das Gegenteil: Pech zu haben oder vom Unglück verfolgt zu sein. Nicht zu vergessen die »Sterne« und »Sternchen« am Himmel der großen Kultur wie der Shows und Unterhaltung. Freilich hat bereits die Bibel die magische Bedeutung der Sterne – neben Sonne und Mond – verworfen und sie zu »Lichtern am Himmelsgewölbe« gemacht, die Gott wie Lampen dorthin setzte, »damit sie über die Erde hin leuchten, über Tag und Nacht herrschen und das Licht von der Finsternis scheiden« (Gen 1,14–18). Sie stehen also nicht für sich, sondern sind das Werk Gottes, verkünden seinen

Ruhm (Dan 3,56.62–63), sollen den Menschen »Zeichen« sein und »zur Bestimmung von Festzeiten, von Tagen und Jahren dienen« (Gen 1,14). In spätjüdischen Vorstellungen (etwa im Henochbuch) wird jeder Stern von einem Engel bewacht und treten die Engel überhaupt in enge Beziehung zu den Sternen. Und schließlich macht uns auch der »Stern von Bethlehem« bewusst, dass in der ganzen antiken Welt jeder große Mensch und bedeutende Herrscher seinen »eigenen« Stern hat. So auch Jesus, mit dessen Stern zugleich das entscheidende messianische »Hoffnungszeichen« aufgegangen ist.

3.

Vielleicht fällt es uns jetzt leichter zu verstehen, warum Jesus sich als »strahlender Morgenstern« bezeichnet oder von anderen so bezeichnet wird. Möglich auch, dass der berühmte Psalm 110, der bekanntlich auf Jesus hin »messianisch« gedeutet wurde, dabei Einfluss hatte: »Ich habe dich gezeugt noch vor dem Morgenstern, wie den Tau in der Frühe« (Ps 110,3). Manche übersetzen auch mit »Morgenröte« oder »Morgengrauen« (M. Buber). Vielleicht steht hier die uralte Vorstellung dahinter, dass Gott den »Morgenstern« noch *vor* aller Schöpfung geschaffen hat. Das hat natürlich das christliche Symboldenken aufgegriffen und ausgedeutet: Der Abendstern kündet die hereinbrechende Nacht an – und wird zum Symbol für Luzifer. Der Morgenstern verkündet den anbrechenden Tag – und damit Jesus. Denn: »Jetzt ist sie da, die Zeit der Gnade; jetzt ist er da, der Tag des Heiles« (2 Kor 6,2). Von daher werden uns auch die eingangs zitierten Lieder viel verständlicher und einleuchtender.

4.

Einer, den das Bild vom »Morgenstern« besonders gefesselt haben muss, ist Angelus Silesius. Neben dem erwähnten »Morgenstern der finstern Nacht« spricht er davon auch in anderen geistlichen Liedern. Unter der Überschrift »Die Seele beklagt sich gegen ihren Geliebten wegen seines langen Ausbleibens« heißt eine Strophe:

> »Ach, bleib doch nicht so lang' und fern
> Mein Phöbus (= Sonnengott, Sonne!) und mein Morgenstern,
> Komm, strahl in meine Seel hinein,
> Dass ich kann wieder fröhlich sein!«

Und noch schöner in einem anderen Lied:

> »Geh auf, mein's Herzens Morgenstern,
> Und werde mir zur Sonne,
> Geh auf und sei nunmehr nicht fern,
> Du wahre Seelenwonne!
> Erleuchte mich
> Ganz inniglich,
> Dass ich in deinem Lichte
> Noch diesen Tag
> Beschauen mag
> Dein liebstes Angesichte!«

Da kommt die ganze adventliche Sehnsucht eines gläubigen Christen nach dem wieder kommenden Herrn zum Ausdruck. Sollte das nicht auch uns begeistern und beflügeln, nach dem »strahlenden Morgenstern« Ausschau zu halten, dass er, des »Herzens Morgenstern«, auch uns zur »Sonne« und »wahren Seelenwonne« werde?

Jesus – der Hirt

»Wie wunderbarlich ist doch diese Strafe.
Der gute Hirte leidet für die Schafe ...« (GL 180,4).
»Sammle, großer Menschenhirt,
alles, was sich hat verirrt ...« (GL 644,3).
»Du guter Hirt, Herr Jesus Christ,
steh deiner Kirche bei ...« (GL 638,4).
»Lobe, Zion, deinen Hirten;
dem Erlöser der Verirrten
stimme Dank und Jubel an ...« (GL 545).

Es sind geläufige Bilder von Jesus, dem »guten Hirten«, die uns in diesen Liedstrophen begegnen und durchs Kirchenjahr begleiten. Jeweils mit feinen Unterschieden und Schattierungen. Da ist die Rede vom Hirten, der sein Leben hingibt für seine Schafe – und zwar freiwillig und aus Liebe zu seinem Vater (Joh 10,11.15.17–18). Ein anderes Bild zeichnet Jesus als den Hirten, der die Schafe »einzeln beim Namen ruft und sie hinausführt« auf die Weide (Joh 10,3), ihnen vorausgeht (Joh 10,4), aber auch dem verirrten und verlorenen Schaf nachgeht, solange sucht, bis er es findet, voll Freude auf seine Schultern nimmt und nach Hause trägt (Lk 15,3–7). Das wohl bekannteste »Hirtenmotiv«, das auf Jesus übertragen wurde. Kein Wunder, dass es zum Lieblingsbild der frühen Kirche wurde. Darum hat sie Jesus als jugendlichen, schön gelockten Hirten mit dem Schaf auf seinen Schultern an Katakombenwände gemalt, in Stein gehauen und an Sarkophagen angebracht. Der Hirte, der die Seelen aus dem Tod ins Paradies geleitet und damit den trauernden Hinterbliebenen Hoffnung, Trost und Geborgenheit aus dem Glauben heraus vermittelt. Das war nicht so problematisch oder gar verpönt wie die Darstellung des Gekreuzigten, die man erst Jahrhunderte später gewagt hat. Schließlich wird noch das Bild vom »Hirten seines Volkes«, vom »Hirten der Kirche« gezeichnet, der noch andere Schafe hat, »die nicht aus diesem Schafstall sind«, die er gleichfalls führen muss und die auf seine Stimme hören. Der Gedanke der Ausbreitung des Glaubens und der Sammlung aller Menschen unter dem wahren Hirten Jesus. »Dann wird es nur eine Herde und einen Hirten geben« (Joh 10,16).

1.

Aber es gibt noch ein anderes Bild von Jesus, dem »Hirten«, das uns weniger bewusst ist und an das uns nicht nur die Osterzeit, sondern auch gerade die Adventszeit erinnern will: Jesus, der »endzeitliche Hirt«. Der Retter und Erlöser der Menschen. So wie er uns auf dem berühmten Mosaik im Mausoleum der Kaiserin Galla Placidia in Ravenna – um 440 entstanden – entgegenleuchtet: als der Hirt in königlichem Gewand in paradiesischer Landschaft, schön und hoheitsvoll, umgeben von sechs Schafen, mit seiner Rechten eines sanft berührend, in seiner Linken das Kreuz wie einen Hirtenstab, einen Herrscherstab haltend. Den Blick weit in die Zukunft gerichtet. Dieser Darstellung fehlt jegliche süßliche »Schäferidylle« und »Schäferromantik«, wie sie später in Barockbildern oder Barockdichtung öfter zu finden ist. Vielmehr ein Bild von machtvoller Schönheit und feierlichem Ernst. Wenn man sich dazu Bachs Kantate »Du Hirte Israel, höre«, 1724 komponiert – entnommen dem 80. Psalm »Du Hirte Israel höre, der du Joseph hütest wie die Schafe, erscheine, der du sitzest über Cherubim« –, vergegenwärtigt, dann bekommt man eine Ahnung von diesem »Hirten der Endzeit«. Und das flehentliche, beschwörende Rufen des Chores: »Höre!« Erscheine!« wird man nicht so schnell vergessen. Aber auch die Bassarie bringt einen über-zeitlichen, verklärten Ton hinein: »Beglückte Herde, Jesu Schafe, / Die Welt ist euch ein Himmelreich. / Hier schmeckt ihr Jesu Güte schon / Und hoffet noch des Glaubens Lohn / Nach einem sanften Todesschlafe«. So bleibt also Jesus auch über den Tod hinaus »mein getreuer Hirt, / Dem ich mich ganz vertraue ...«

2.

Das gilt es also auch festzuhalten: Das Bild vom »guten Hirten« steht ganz in der jüdischen Messiaserwartung. Und dies zunächst mit Blick auf David. So etwa beim Propheten Ezechiel: »Ich setze für die Schafe einen einzigen Hirten ein, der sie auf die Weide führt, meinen Knecht David. Er wird sie weiden, und er wird ihr Hirt sein. Ich selbst, der Herr, werde ihr Gott sein, und mein Knecht David wird in ihrer Mitte der Fürst sein. Ich, der Herr, habe gesprochen« (Ez 34,23–25). Demnach werden Israel und Juda »zu einem einzigen Volk« (Ez 34,22) unter einem »einzigen König« und »Hirten« (Ez 34,24) werden. Dieses Bild vom künftigen Hirten trägt noch eine Besonderheit in sich: Dieser Herrscher wird nicht – wie im Orient üblich – als politischer Machthaber gesehen und verstanden, sondern als einer, der von Gott selbst berufen und eingesetzt ist. An einen »innerweltlichen« Herrscher ist also nicht gedacht. Eine ganz andere, nicht weniger bedeutsame Aussage findet sich beim Propheten Sacharja: »Schwert, erheb dich gegen meinen Hirten, gegen den Mann meines Vertrauens – Spruch des Herrn der Heere. Schlag den Hirten, dann werden sich die Schafe zerstreuen« (Sach 13,7). Jahrhunderte später wird Matthäus diese Prophezeiung auf jenen Hirten anwenden, der nach Gottes Willen den Tod erleidet und damit die »Heilswende« einleitet. So die Worte Jesu vor dem Gang zum Ölberg: »Ihr alle werdet in dieser Nacht an mir Anstoß nehmen und zu Fall kommen; denn in der Schrift steht: Ich werde den Hirten erschlagen, dann werden sich die Schafe der Herde zerstreuen« (Mt 26,31).

3.

Nicht nur mit Bildern und Gleichnissen von »Hirten« und »Schafen« verdeutlicht Jesus seinen Hörern die frohe Botschaft. Auch von sich selbst spricht er als dem Hirten, den Gott in der Endzeit zu seinem Volk gesandt hat. Und zwar in dreifacher Weise. Zunächst: »Ich bin nur zu den verlorenen Schafen des Hauses Israel gesandt« (Mt 15,24). Das entspricht seinem anderen Wort: »Der Menschensohn ist gekommen, um zu suchen und zu retten, was verloren war« (Lk 19,10). Jesus sammelt also die zerstreute und verlorene Herde Israels. »Zerstreuung« ist ein biblisches Bild für Unheil, »Sammlung« dagegen für Anbruch einer »neuen« Zeit, der »Heilszeit«. Des Weiteren gebraucht Jesus das Bild vom »Hirten«, um seinen Tod und seine Auferstehung anzukündigen. Denn dem vorhin zitierten Prophetenwort: »Ich werde den Hirten erschlagen, dann werden sich die Schafe zerstreuen« fügt Jesus hinzu: »Aber nach meiner Auferstehung werde ich euch nach Galiläa vorausgehen« (Mk 14,27–28). Mit anderen Worten: Zunächst erfolgt die »endzeitliche« Bedrängnis, Zerstreuung und Verkleinerung der Herde. Dann aber kommt die »Heilswende«, die Sammlung und Führung durch den »guten Hirten«. Und das Wort »vorausgehen«, das eindeutig der Hirtensprache entnommen ist, weist schon unüberhörbar auf Auferstehung und Wiederkunft Jesu hin. Schließlich gebraucht Jesus das Bild vom Hirten, um das Gericht Gottes zur Sprache zu bringen. Uns allen bekannt durch seine große Rede vom »Weltgericht«, »wo der Hirt die Schafe von den Böcken scheiden« wird (Mt 25,31–46). Die Heidenvölker werden wie eine versprengte Herde am Thron des Menschensohnes versammelt sein und sein Urteil vernehmen: entweder aufgenommen von Gottes Gnadenherrschaft und Heil oder davon ausgeschlossen. Für immer.

Merkwürdig, dass das Hirtenmotiv bei Paulus keine Rolle spielt. Dafür aber im 1. Petrusbrief, wo es heißt: »Denn ihr hattet euch verirrt wie Schafe, jetzt aber seid ihr heimgekehrt zum Hirten und Bischof eurer Seelen« (1 Petr 2,25). Und: »Wenn dann der oberste Hirt erscheint, werdet ihr den nie verwelkenden Kranz der Herrlichkeit empfangen« (1 Petr 5,4). Aber auch im Hebräerbrief: »Der Gott des Friedens aber, der Jesus, unseren Herrn, den erhabenen Hirten seiner Schafe, von den Toten heraufgeführt hat durch das Blut eines ewigen Bundes, er mache euch tüchtig in allem Guten, damit ihr seinen Willen tut« (Hebr 13,20). Hier wird noch einmal die Einzigartigkeit Jesu herausgestellt, in dem uns Ankunft und Zukunft des göttlichen Heils zuteil geworden ist.

4.

Vollends aber kommt das Bild von Jesus als dem messianischen Hirten und Heilbringer in der Geheimen Offenbarung des Johannes zum Tragen. War er auf Erden der Erbarmer, der Mitleid mit den Menschen hatte, »denn sie waren wie Schafe, die keinen Hirten haben« (Mk 6,34), so ist der im Himmel Erhöhte das Lamm, das die, die »aus der großen Bedrängnis kommen« (Offb 7,14), »weiden und zu den Quellen führen« wird, »aus denen das Wasser des Lebens strömt« (Offb 7,17).
So entspricht dem Hirten der Endzeit auch die Herde in der Endzeit. Sein bekanntes Wort an sie bekommt daher einen ganz eigenen Klang: »Fürchte dich nicht, du kleine Herde! Denn euer Vater hat beschlossen, euch das Reich zu geben« (Lk 12,32). Ein *Trost*wort im wahrsten Sinne an die Menschen damals wie an uns heute: Die Teilhabe am Reiche Gottes ist euch sicher! Gerade auch, weil diese Herde »klein« ist. Also: gering an Zahl, an sozialem Ansehen, an politischem Einfluss, mitunter sogar der Feindschaft und Verfolgung von außen ausgesetzt. Dafür aber frei und gerüstet für das Kommen des Herrn – mit wachen Augen, offenen Ohren, treuem Herzen, vertrauensvoll seinem Wort und hingebungsvoll den Mitmenschen zugewandt. Besonders den ärmsten und geringsten unter ihnen. Und alles endet in der beseligenden Einladung: »Kommt her, die ihr von meinem Vater gesegnet seid, nehmt das Reich in Besitz, das seit Erschaffung der Welt für euch bestimmt ist« (Mt 25,34).

Jesus – der Bräutigam

*Christus mit den klugen und törichten Jungfrauen
Tympanon an der Galluspforte, Münster zu Basel*

»Wohlauf, der Bräutgam kommt,
steht auf, die Lampen nehmt.
Halleluja.
Macht euch bereit
zu der Hochzeit,
ihr müsset ihm entgegengehn« (GL 110).
»Du Sohn Davids aus Jakobs Stamm,
mein König und mein Bräutgam,
du hältst mein Herz gefangen.«
»… dass ich möge mit Jesus Christ,
der meines Herzens Bräutigam ist,
in steter Liebe wallen …« (GL 554,1.6).

»Da sich die Welt zum Abend wandt,
der Bräutgam Christus ward gesandt.
Aus seiner Mutter Kämmerlein
ging er hervor als klarer Schein« (GL 116,3).

Es ist nicht leicht, von Jesus als »Bräutigam« zu reden oder zu singen, wie es in diesen ausgewählten Strophen bekannter Adventslieder geschieht. Die beiden ersten entstammen Philipp Nicolais viel gesungenem »Wachet auf, ruft uns die Stimme« und »Wie schön leuchtet der Morgenstern«, das dritte Lied ist entnommen dem »Gott, heilger Schöpfer aller Stern«, einem alten lateinischen Adventslied (»Conditor alme siderum«), von Thomas Müntzer ins Deutsche übertragen. Zu schnell schleicht sich für uns ins Bild vom »himmlischen Bräutigam« Kitsch und Sentimentalität ein, was durch eine süßliche Form von pseudomystischen Ergüssen nur gesteigert wurde. Jesus als »Seelenbräutigam« verzückter Frauenseelen ist nicht nach jedermanns Geschmack. Andererseits ist das Bild von Braut und Bräutigam, von Hochzeit und Hochzeitsmahl Jesus durchaus nicht fremd, sondern vertraut. Am bekanntesten ist sein Gleichnis von den »klugen und törichten Jungfrauen«, die als Brautjungfern auf den ausbleibenden Bräutigam warten, der bereits von der Urkirche mit dem ausbleibenden, jedoch sehnsüchtig erwarteten erhöhten Herrn identifiziert wurde. Weniger bekannt ist das Wort Jesu – von den ersten drei Evangelisten überliefert –, mit dem er dem Vorwurf seiner Gegner begegnet, warum seine Jünger nicht fasten: »Können denn die Hochzeitsgäste fasten, solange der Bräutigam bei ihnen ist? Solange der Bräutigam bei ihnen ist, können sie nicht fasten. Es werden aber Tage kommen, da wird ihnen der Bräutigam genommen sein; an jenem Tag werden sie fasten« (Mk 2,19–20). Hier scheint Jesus sich selbst als Bräutigam zu verstehn, der mit seiner »Hoch-zeit« die neue »Heils-zeit« einleitet. Das meint wohl dieses biblische Bild. Darum ist Jubel und Freude angesagt – nicht Trauer und Buße. Allerdings dann wieder mit der Einschränkung, dass der Verzicht aufs Fasten nur so lange gilt, wie der »Bräutigam« unter ihnen weilt. Wenn er seinen Jüngern »genommen« wird – ein verdeckter Hinweis auf seinen Tod –, wird wieder gefastet werden. Damit ist immer noch fraglich, ob Jesus sich so als »Bräutigam« verstanden hat. Warum?

1.

Zu bedenken ist, dass sich in der ganzen Heiligen Schrift kein Nachweis erbringen lässt, dass das Bild vom »Bräutigam« auf den Messias hin gedeutet wurde. Zwar gebraucht das Alte Testament das Bild von der »Hochzeit«, um das besondere, intime Verhältnis Gottes zu seinem Volk Israel auszudrücken, das von Nähe, Liebe, Treue und Vergebung geprägt ist. So im wunderschönen Jesajawort: »Wie der junge Mann sich mit der Jungfrau vermählt, so vermählt sich mit dir dein Erbauer. Wie der Bräutigam sich freut über die Braut, so freut sich dein Gott über dich« (Jes 62,5). Und bekanntlich wird gerade das »Hohelied« mit seiner sinnlichen Braut- und Liebeslyrik bereits im Spätjudentum auf Gott und die Gottesbraut Israel hin gedeutet, später im christlichen Mittelalter – etwa in der Mystik eines Bernhard von Clairvaux – auf Gott und die gläubige Seele. Trotzdem: Nirgends wird der Messias als »himmlischer« oder »endzeitlicher« Bräutigam geschildert oder erwartet, der sich gleichsam mit der ganzen Menschheit vermählt. Wenn es im Lied heißt:»Wohlauf, der Bräutigam kommt, steht auf, die Lampen nehmt«, so entspricht es dem mitternächtlichen Ruf in Jesu Gleichnis: »Seht, der Bräutigam kommt! Geht ihm entgegen! Da standen die Jungfrauen auf und machten ihre Lampen zurecht« (Mt 25,6–7). Der ursprüngliche Sinn des Gleichnisses bestand darin, die Hörer an die Plötzlichkeit des kommenden Gottesreiches und die damit verbundene »Scheidung der Geister« zu erinnern, aber auch die Bereitschaft zur Wachsamkeit anzumahnen. Jetzt aber geht es mehr um die Verzögerung der Wiederkunft Jesu, der doch von seinen Anhängern so sehnsüchtig erwartet wurde. So hat sich der Akzent etwas verschoben: Nicht mehr das plötzliche Endgericht Gottes und die stete Vorbereitung darauf stehen im Mittelpunkt, sondern der »ausbleibende« Advent des »himmlischen Bräutigams« Jesus. Im

Übrigen sind auch die Jünger oder die Hörer der Botschaft Jesu – bildlich gesprochen – nicht die »Braut«, sondern die »Hochzeitsgäste« Jesu!

2.

Trotzdem hat sich das Bild von Jesus als dem Bräutigam und seiner Gemeinde, seiner Kirche als Braut im christlichen Glauben durchgesetzt. Paulus hat im Besonderen dazu beigetragen. So schreibt er im 2. Brief an die Korinther: »Ich liebe euch mit der Eifersucht Gottes; ich habe euch einem einzigen Mann verlobt, um euch als reine Jungfrau zu Christus zu führen« (2 Kor 11,2). Der Apostel versteht sich hier sogar als »Brautwerber« und »Brautführer« (ähnlich wie Mose im Alten Bund!), der die »bräutliche« Gemeinde zu Jesus geleitet. Noch deutlicher wird Paulus im Epheserbrief, wo er die Verbindung Christus–Kirche mit der Vereinigung von Mann und Frau vergleicht (Eph 5,21–33). Ein Text, der uns aus Hochzeitsmessen und Trauungen bekannt ist: »Darum wird der Mann Vater und Mutter verlassen und sich an seine Frau binden und die zwei werden ein Fleisch sein (Gen 2,24). Dies ist ein tiefes Geheimnis; ich beziehe es auf Christus und die Kirche« (Eph 5,31–32). Für Paulus besteht diese tiefe Vereinigung Christi mit seiner Kirche nicht zuletzt darin: Er hat in Liebe »sich für sie hingegeben«, und sie soll »ohne Flecken, Falten und andere Fehler, heilig und makellos« sein (Eph 5,25–27). So kann es auch folgerichtig in der 5. Strophe des eingangs erwähnten Liedes heißen: »Er hat sich ganz mir angetraut, / er ist nun mein, ich seine Braut; / drum nichts auch mich betrübet ...«

Aber nicht nur Paulus, auch Johannes spricht in der »Geheimen Offenbarung« von der Kirche als Braut und von Jesus als dem Bräutigam. Und zwar in der Weise, dass es gerade unsere Adventszeit tief berührt – in einer zusätzlichen Vertiefung! Die Kirche als Braut Jesu wird vor allem in ihrer »Endgestalt«, in ihrer »Endvollendung« gesehen. »Denn gekommen ist die Hochzeit des Lammes, und seine Frau hat sich bereit gemacht. Sie durfte sich kleiden in strahlend reines Leinen. Das Leinen bedeutet die gerechten Taten der Heiligen« (Offb 19,7). Die irdische Kirche wird nun als

»heilige Stadt, als neues Jerusalem« geschaut, die vom Himmel auf die verklärte neue Welt herabkommt: »Sie war bereit wie eine Braut, die sich für ihren Mann geschmückt hat« (Offb 21,2). So erfüllen große Freude, Sehnsucht nach Heil, Hoffnung auf endgültige Vollendung die Braut und den Geist, die nur noch den erhöhten und erwarteten Herrn beschwören können: »Komm!« (Offb 22,17).

3.

So macht es am Ende doch Freude, im biblischen Bild des »Bräutigams« Aussagen über Jesus zu entdecken, die jenseits von Kitsch und Klischees den Glauben an ihn auf eigene Weise stärken und vertiefen können. Und abgesehen von schwülstigen Bildern und Vorstellungen, die es hie und da geben mag, betrachte ich es nicht als Fehlform oder Irrweg, wenn sich die Mystiker und Mystikerinnen vergangener Zeiten von diesen Bildern der »Braut« und des »Bräutigams« angesprochen und angerührt fühlten und dann ihr inniges Verhältnis zu Gott, zu Jesus in eigene Worte fassten. Sie haben zumindest dazu beigetragen, dass der Glaube nicht nur den Kopf, sondern auch Herz und Gemüt zu bewegen versteht und zu gewinnen hat. Stellvertretend für sie alle mag ein kleines Gebet des berühmten Johannes vom Kreuz stehen, der oft das Bild des »Bräutigams« in seinen mystischen Schriften gebraucht und so seiner adventlichen Hoffnung auf den wiederkommenden Herrn Ausdruck verleiht:

»O Glaube Christi, meines Bräutigams,
du hast mir die Wahrheiten
über meinen Geliebten mitgeteilt,
eingehüllt in Dunkel und Finsternis;
offenbare sie mir nun in aller Klarheit!
Enthülle mir, was ich
kaum erkennen konnte;
verschleiere nicht länger diese Wahrheit,
offenbare mir die Herrlichkeit Gottes.«

Mitten unter euch

Mitten unter euch ist einer, den ihr nicht kennt
Holzschnitt von Frans Masareel (um 1958)

Der erste Eindruck: verwirrend. Obwohl dieser Holzschnitt des belgischen Künstlers Frans Masareel (1889–1972) nur aus zwei Farben – schwarz und weiß – besteht. Aber die vielen Formen, Gegenstände, Gesichter, Gestalten. Das Auge muss lange suchen, verweilen, um alles aufzunehmen. Vor allem: um Wichtiges zu entdecken. Im Hintergrund türmt sich vor uns eine Großstadt auf. Schwarze Straßenfluchten. Hochhäuser. Fassaden. Unzählige Fenster. Alles eng aneinander gepresst. Kein Grün. Kein Himmel. Kaum Luft zum Atmen. Hier wohnen Menschen, leben, arbeiten, lachen, leiden und sterben. Kommen und gehen. Menschenschicksale hautnah beieinander. Ist das unser Leben? »Überleben heißt nicht leben«, hat einer einmal gesagt. Aber vielleicht ist man schon glücklich, wenn man etwas geschafft, geleistet hat? Einen Protzbau mit pompöser Kuppel zum Beispiel. Unübersehbar. Beachtlicher Wohlstand. Steingewordenes Selbstbewusstsein. Dahinter treten sogar der dicke Gaskessel und die rauchenden Fabrikschlote zurück. Ganz im Gegensatz dazu der dürre Baum, fast am Bildrand. Ist er Ausdruck des Lebens, das in Wahrheit hier gelebt wird? Eingezwängt zwischen Haus und Bretterzaun, beschnitten in seiner Entfaltung, ausgetrocknet wie die blatt- und blütenlosen Äste, die wie magere Finger ins Leere greifen? Und kein Himmel darüber? Wo bleibt die Kirche? Ja, man muss sie regelrecht in diesem Formenwirrwarr suchen. Früher war sie der Mittelpunkt einer Stadt. Jetzt ist sie oben an den Rand gedrückt. Geduckt. Verschluckt von den vielen, großen Betonklötzen. Zweitürmig und ein großes Kreuz auf dem Dach. Das Kreuz in der Großstadt. Das Kreuz mit der Großstadt. Das Kreuz mit den Menschen der Großstadt.

1.

Von allen Seiten strömen Menschen herbei. Menschenmassen. Massenmenschen. Dichtgedrängt. Kopf an Kopf. Gleichförmig. Groß und klein. Viele einzelne Gesichter – und doch irgendwie gesichtslos. Nah beieinander – und doch aneinander vorbei. Jeder und jede mit sich beschäftigt. Kaum berührt von dem, was neben ihnen geschieht. Es ist Feierabend. Stoßzeit. Oder vielleicht ver-

kaufsoffener Sonntag? Gar eine Wahlkundgebung? Langsam erkennt man doch einzelne Menschen. Arbeiter mit großen Augen. Müde, mürrisch, abgestumpft, tiefe Falten im Gesicht. Mütze auf dem Kopf, die Mappe unterm Arm, Pickel oder Leiter auf der Schulter. Mädchen, jung, offenherzig, hübsch herausgeputzt. Auch Mütter mit ihrem Kind auf dem Arm. Ganz im Vordergrund ein Liebespaar, er mit lüsternen Augen, ein Abenteuer im Kopf. Vorwitzige Jungen haben sich in der Bildmitte und im Fenster einer Bude gute Aussichtsplätze verschafft. Entdecken auch wir uns in den Gesichtern dieser namenlosen Gesellschaft? Unsere eigenen Erlebnisse und Erfahrungen? Unseren eigenen Alltag? Unsere eigene Geschichte?
Einige in diesem Bild scheinen zu warten. Auf was? Auf wen? Auf etwas Neues, etwas Befreiendes? Auf »den« Neuen, »den« Befreier? Der ihnen »das Blaue vom Himmel« verspricht? Paradiesische Zustände in diesem Massenalltag schaffen will? Wem werden sie glauben? Auf wen hören? Wem nachlaufen? Ob sie Ohren haben, um falsche Töne herauszuhören? Augen, um Sein vom Schein deutlich trennen zu können? Auf einmal stellt uns dieses Bild viele, notwendige Fragen.

2.

Schon wächst im Hintergrund einer aus dieser Masse heraus. Breitbeinig, in Uniform und Stiefeln, die Arme frech in die Hüften gestemmt. Drohende Haltung und finsterer Blick. Einer also, der Ellenbogen machen kann. Ein Führer, der die Massen auf Vordermann bringen will. Noch ist er sprachlos. Doch gleich wird er das Maul aufreißen, »Heilsprogramme« unters Volk werfen, anstacheln, aufhetzen. Er hat leichtes Spiel bei den Massen, baut auf die vielen Namenlosen und Gesichtslosen. Sie werden ihn am Ende tragen, erst mit Begeisterung auf ihren Schultern, dann unter Schmerzen und Qualen. Darauf haben die Macher und Machthaber immer gesetzt und damit auch immer wieder Erfolg gehabt. Da ist sich auch dieser Mann hier sicher. Oder doch nicht? Wittert er womöglich Gefahr? Fühlt sich der Drohende sogar bedroht von dem, den er plötzlich ins Visier nimmt?

Groß und unübersehbar steht dieser Eine inmitten der namenlosen, gesichtslosen Masse, in weißem Gewand und mit einem strahlenden Stern ums Haupt. Eigentlich müssten ihn alle sehen und wahrnehmen. Aber nur wenige schauen gespannt zu ihm hin. Mehr verständnislos als ergriffen. Mehr abwartend als begeistert. Vor allem ist er anders als jener im Hintergrund. Nicht festgewurzelt, sondern in Bewegung. Nicht selbstherrlich aufgereckt, sondern leicht nach vorne geneigt. Nicht finster aufblickend, sondern offen hinausblickend. Über die Massen hinweg. In die Zukunft hinein. Keine auffälligen Gebärden. Keine theatralischen Posen. Leise, unauffällig, demütig schreitet er durch die Menge. Unbekannt. Unerkannt. Auch wenn die spitzen Dreiecke des Sheddaches im Vordergrund überdeutlich auf ihn zeigen. Es stimmt: »Sie waren wie mit Blindheit geschlagen, so dass sie ihn nicht erkannten« (Lk 24,16).

3.

Blinde Augen, verschlossene Herzen also. Doch einer hat ihn einmal erkannt und vor der Menge bekannt: »Mitten unter euch steht der, den ihr nicht kennt und der nach mir kommt; ich bin es nicht wert, ihm die Schuhe aufzuschnüren. Er ist es, von dem ich gesagt habe: Nach mir kommt ein Mann, der mir voraus ist, weil er vor mir war. Auch ich kannte ihn nicht; aber er, der mich gesandt hat, mit Wasser zu taufen, er hat mir gesagt: Auf wen du den Geist herabkommen siehst und auf wem er bleibt, der ist es, der mit dem Heiligen Geist tauft«. Das habe ich gesehen, und ich bezeuge: Er ist der Sohn Gottes« (Joh 1,26–27.33–34).
Das Zeugnis und Bekenntnis des Täufers Johannes. Ohne Wenn und Aber. Erschütternd die Feststellung: »Mitten unter euch steht der, den ihr nicht kennt«. So lautet auch der Titel dieses Holzschnitts. Und der Künstler gibt ihn uns als Frage weiter: Kennen wir Jesus? Mindestens 1000 Stunden Religionsunterricht, eine Flut von theologischen und religiösen Büchern auf dem Büchermarkt, gute und gutgemeinte Predigten oder Vorträge, mehr oder minder intensive Kontakte zu Kirche und kirchlichen Kreisen – die Frage bleibt: Kennen wir Jesus? Ist er uns lebendig begegnet – oder sind

wir an ihm vorbeigegangen? Ist er uns innig vertraut – oder ist er aus unserem Leben verschwunden? Ist er uns in Fleisch und Blut übergegangen – oder ist er für uns bereits den Weg alles Fleisches gegangen? Gilt für uns am Ende auch, was der Evangelist Johannes von ihm und von uns sagt: »Er war in der Welt, und die Welt ist durch ihn geworden, aber die Welt erkannte ihn nicht. Er kam in sein Eigentum, aber die Seinen nahmen ihn nicht auf« (Joh 1,10–1)?

Kennen wir Jesus? Würden wir ihn erkennen? Würde unser Herz zu klopfen, zu brennen beginnen, wenn er hier oder draußen unter uns auftauchen, auftreten würde? Auf der Straße, im Wohnblock, im Supermarkt, am Arbeitsplatz, auch in der Kirche oder in der Gruppe? Oder würden wir ihn anglotzen und doch übersehen – wie die vielen auf unserem Bild? Vielleicht ein bisschen zuhören, den Kopf schütteln und rasch wieder fortgehen – beschäftigt mit uns und unseren Alltagsgeschäften, besessen von unseren eigenen Wünschen und Träumen? Auf jeden Fall wird stimmen: Wir mögen manches von ihm wissen, aber wir kennen ihn längst noch nicht.

4.

Dazu ist es noch nicht zu spät. Wir haben jederzeit die Chance, ihm zu begegnen. Denn er schreitet unablässig durch unsere Zeit und unsere Geschichte. Verehrt und verlacht. Versöhnt und verfolgt. Gepriesen und gemartert. Millionenfach. Überall in der Welt. Er will auch weiterhin nicht bedient werden, sondern uns dienen, nicht seine Ehre, sondern unser Heil suchen, sich nicht in unser Leben drängen, sondern unser Herz gewinnen. Er will uns beständig vor die Frage stellen, ob wir überhaupt bereit sind, ihm zu begegnen, ihn zu empfangen und aufzunehmen. Weil es wahr ist: »Allen aber, die ihn aufnehmen, gibt er Macht, Kinder Gottes zu werden, allen, die an seinen Namen glauben, die nicht aus dem Blut, nicht aus dem Willen des Fleisches, nicht aus dem Willen des Mannes, sondern aus Gott geboren sind« (Joh 1,12–13).

Ein letzter Blick auf unser Bild. Der eigentümliche Heiligenschein lässt einen nicht los. Ein Kranz mit spitzen Strahlen. Ein Stern mit vierzehn Zacken. Also zweimal sieben. Und das bedeutet in der Symbolsprache: Gott (drei) und die Welt (vier) haben sich hier in Jesus in »doppelter,« intensivster Weise vereint. Und das verheißt: Ruhe, Sicherheit, Vollkommenheit, Vollendung. Das hat der Künstler unmissverständlich, unauslöschlich ins Bild umgesetzt. So als wolle er damit sagen: Ob unerkannt oder anerkannt – dieser Stern sinkt nicht, verlöscht nicht, sondern wird weiterleuchten. Vor allem denen, die den Boden unter den Füßen oder ihr Lebensziel aus den Augen verloren haben. Er macht unsere Finsternis hell. Weil einfach wahr ist, was einmal Dostojewski nach seinem an Höhe- und Tiefpunkten reichen Leben gesagt hat: »Ich konnte mir die Menschen nicht mehr vorstellen ohne Ihn. Da Er einmal gewesen ist, kann er nicht mehr von hier fortgehen. Und wenn Er von hier fortginge, so würden sie selbst Ihn finden ...«

Glaubenszeugnis aus dem Gefängnis

Das Sprichwort sagt: Wenn zwei das Gleiche tun, ist es trotzdem nicht das Gleiche. Wenn zwei in derselben Not stecken, reagieren sie oft doch ganz verschieden. Drei Beispiele sollen uns das verdeutlichen. Um drei Personen geht es. Nennen wir sie P, D und J. Das ist ihnen gemeinsam: Alle drei befinden sich im Gefängnis. Der Grund ihrer Haft: Sie haben sich gegen die Staatsgewalt erhoben und gegen deren gottwidriges Verhalten protestiert. Ihr Alter: etwa Ende 30. Ihr Stand: ledig. Ihre Herkunft: gebildetes Bürgertum. Die Dauer ihrer Haft: ungewiss. Der Anlass, um von ihnen zu sprechen: P und D bedanken sich in einem Brief für ein Päckchen, das sie empfangen haben, der eine von seiner Gemeinde, der andere von der Familie und vom Freund. J dagegen erhält im Gefängnis Besuch von Freunden. Im Übrigen sind alle drei zeitlich und räumlich weit voneinander getrennt. Was haben sie uns zu sagen?

1.

P schreibt:
> »Ich habe mich im Herrn besonders gefreut, dass ihr eure Sorge für mich wieder einmal entfalten konntet. Ihr hattet schon daran gedacht, aber es fehlte euch die Gelegenheit dazu. Ich sage das nicht, weil ich etwa Mangel leide. Denn ich habe gelernt, mich in jeder Lage zurechtzufinden: Ich weiß Entbehrungen zu ertragen, ich kann im Überfluss leben. In jedes und alles bin ich eingeweiht: in Sattsein und Hungern, Überfluss und Entbehrung. Alles vermag ich durch ihn, der mir Kraft gibt. Trotzdem habt ihr recht daran getan, an meiner Bedrängnis teilzunehmen.«

Das klingt richtig heroisch. Fast weltentrückt. Ein bewundernswertes Zeugnis von großer innerer Freiheit – mitten im Gefängnis! Sind da die Absender samt ihrem Päckchen, ihrer »Liebesgabe«

überhaupt noch wichtig, wenn nur der noch von Bedeutung ist, der in allem Kraft verleiht?

In einem Brief von D dagegen lese ich:

>»Eben setze ich mich, um Rüben und Kartoffeln zum Mittag zu essen, da wird völlig unerwartet Euer Pfingstpäckchen abgegeben, das R. gebracht hat. Es ist wirklich nicht zu beschreiben, wie einen so etwas freut. Bei aller Gewissheit der geistigen Verbindung zwischen Euch allen und mir, hat der Geist doch offenbar immer ein ungestilltes Verlangen nach Sichtbarmachung dieser Verbindung der Liebe und des Gedenkens, und die materiellen Dinge werden dann Träger geistiger Realitäten. Ich glaube, das ist etwas Analoges zu dem Verlangen aller Religionen nach dem Sichtbarwerden des Geistes im Sakrament«.

Das klingt recht menschlich und »natürlich«. Da drückt einer ohne Umschweife seine Abhängigkeit von Menschen, auch von ganz materiellen Dingen aus. Und sein Bedürfnis nach Liebe. Nach ganz menschlicher Zuneigung und Zuwendung. Für P war das Geschenk eigentlich nicht (mehr) nötig – allenfalls noch für die Spender, die damit ihre Glaubensverbundenheit zum Ausdruck bringen konnten, während er schon »über den Dingen stand«. D dagegen ist froh und dankbar, dass ihm Menschen nahe sind und ihm in seiner misslichen Lage Kraft geben. Er schreibt:

>»Was für ein Reichtum ist in solchen bedrängten Zeiten eine große, eng miteinander verbundene Familie, wo einer dem anderen vertraut und beisteht. Ich habe früher bei ... Verhaftungen von Pfarrern manchmal gedacht, es müsse doch für die Alleinstehenden unter ihnen am leichtesten zu ertragen sein. Damals habe ich nicht gewusst, was in der kalten Luft der Gefangenschaft die Wärme, die von der Liebe einer Frau und einer Familie ausgeht, bedeutet und wie gerade in solchen Zeiten der Trennung das Gefühl der unbedingten Zusammengehörigkeit noch wächst ...«

P scheint ein solches Bedürfnis nicht zu haben. Für ihn brauchen Menschen nicht mehr da zu sein. Er allerdings möchte nur noch für die Menschen da sein, damit sie den Weg zu Christus finden. Darum schreibt er:

»Es zieht mich nach beiden Seiten: Ich sehne mich danach, aufzubrechen und bei Christus zu sein – um wie viel besser wäre das! Aber euretwegen ist es notwendiger, dass ich am Leben bleibe. Im Vertrauen darauf weiß ich, dass ich bleiben und bei euch ausharren werde, um euch im Glauben zu fördern und zu erfreuen, damit ihr euch in Christus Jesus umso mehr meiner rühmen könnt, wenn ich wieder zu euch komme«.

2.

P also macht sich Sorgen und Gedanken um seine Gemeinde und ihren Glauben. Ganz anders D, der gerne lebt und auch das Leben genießt, der den Kontakt zu den Menschen braucht und es mag, wenn man um ihn besorgt ist. Darum kann er auch schreiben:

»Noch ein paar Bitten: Es wurden heute für mich leider keine Bücher abgegeben. Ich wäre sehr dankbar dafür. Auch Streichhölzer, Waschlappen und Handtuch fehlten diesmal. Verzeiht, dass ich das sage; es war sonst alles ganz herrlich! Vielen Dank! Könnte ich bitte Zahnpasta und ein paar Kaffeebohnen bekommen? ... Habt vielen Dank für alles«.

Immer wieder taucht so bei D das Gefühl auf, auf »angenehme« Weise von Menschen – Eltern wie Freunden – abhängig zu sein und deren Hilfe und Fürsorge in Anspruch zu nehmen. Zu bewundern aber ist im Gegensatz dazu auch die große innere und äußere Unabhängigkeit und überzeugende Glaubenskraft von P, der nach seinen eigenen Worten gelernt hat, »sich in jeder Lage zurechtzufinden«. Vielleicht musste er erst ähnliche Wege wie D gehen, der nach gut halbjähriger Haftzeit schreibt: »In mehr als einer Hinsicht ist diese Gefängniszeit für mich eine sehr heilsame Rosskur«.

Aber dann finden wir verständlicherweise in bestimmten Stellen überraschende Gemeinsamkeiten zwischen P und D. So schreibt P etwa:

»Freut euch im Herrn zu jeder Zeit! Noch einmal sage ich: Freut euch! Eure Güte werde allen Menschen bekannt. Der Herr ist nah. Sorgt euch um nichts, sondern bringt in jeder Lage betend und flehend eure Bitten mit Dank vor Gott! Und der Friede Gottes, der alles Verstehen übersteigt, bewahre eure Herzen und Gedanken in Christus Jesus«.

3.

Ähnlich schreibt D:
»Bitte mache Dir nie Gedanken und Sorgen um mich; aber vergiss die Fürbitte nicht, wie Du es auch gewiss nicht tust! Gottes Hand und Führung ist mir so gewiss, dass ich hoffe, immer in dieser Gewissheit bewahrt zu werden. Du darfst nie daran zweifeln, dass ich dankbar und froh den Weg gehe, den ich geführt werde. Mein vergangenes Leben ist übervoll von Gottes Güte und über der Schuld steht die vergebende Liebe des Gekreuzigten. Am dankbarsten bin ich für die Menschen, denen ich begegnet bin, und wünsche nur, dass sie sich nie über mich betrüben müssen, sondern dass auch sie immer nur dankbar der Güte und Vergebung Gottes gewiss sind. Verzeih, dass ich das einmal schreibe. Lass dich dadurch bitte keinen Augenblick betrüben und beunruhigen, sondern wirklich nur froh machen. Ich wollte es aber gern einmal gesagt haben und ich wüsste nicht, wem ich es zumuten könnte, so dass er es wirklich nur mit Freude hört … Nun wünsche ich Dir von Herzen weiter recht viel äußere und innere Ruhe. Gott behüte Dich und uns alle und schenke uns ein baldiges frohes Wiedersehen. In Dankbarkeit und täglicher Fürbitte denkt an Dich Dein D.«
Nun müssen wir aber auch unseren Blick auf J, den dritten Gefangenen, werfen. Bei ihm hat die Gefängnishaft etwas ganz anderes bewirkt. Sie hat ihn, der felsenfest mit Gottes machtvollem Kommen und Gericht gerechnet hat, in eine tiefe Glaubenskrise, in bedrückende Glaubenszweifel gestürzt. Wie kann Gottes Gerechtigkeit angebrochen sein, wenn weiterhin Unrecht und Gewalt geschieht, die Glaubenseifrigen leiden und die Gottlosen triumphieren? Wie kann die Heilszeit des Messias da sein, wenn das Heil für die Gerechten nicht erfahrbar und das Unheil für die Verworfenen nicht sichtbar wird? Warum muss er für sein redliches Tun im Gefängnis schmachten?

»Darum schickte er seine Freunde zu Jesus und ließ ihn fragen: Bist du der, der kommen soll, oder müssen wir auf einen anderen warten? Jesus antwortete ihnen: Geht hin und berichtet Johannes, was ihr hört und seht: Blinde sehen wieder, und Lahme gehen; Aussätzige werden rein, und Taube hören; Tote stehen auf, und den Armen wird das Evangelium verkündet. Selig ist, wer an mir keinen Anstoß nimmt. Als sie gegangen waren, begann Jesus zu der Menge über Johannes zu reden; er sagte: Was habt ihr denn sehen wollen, als ihr in die Wüste hinaus gegangen seid? Ein Schilfrohr, das im Wind schwankt? Ober was habt ihr sehen wollen, als ihr hinaus gegangen seid? Einen Mann in ferner Kleidung? Leute, die fein gekleidet sind, findet man in den Palästen der Könige. Oder wozu seid ihr hinausgegangen? Um einen Propheten zu sehen? Ja, ich sage euch: Ihr habt sogar mehr gesehen als einen Propheten. Er ist der, von dem es in der Schrift heißt: Ich sende meinen Boten vor dir her; er soll den Weg für dich bahnen. Amen, das sage ich euch: Unter allen Menschen hat es keinen größeren gegeben als Johannes den Täufer; doch der Kleinste im Himmelreich ist größer als er« (Mt 11,2–11).

4.

So stehen also vor unserem geistigen Auge diese drei Männer: Paulus, der im Gefängnis von Ephesus an seine Gemeinde in Philippi schreibt, Johannes der Täufer, der in der Festung Machärus an der Grenze Palästinas wegen seiner freimütigen Anklage von Herodes eingekerkert wurde, und Dietrich Bonhoeffer, der wegen seines Widerstandes gegen das Naziregime im Gefängnis Berlin-Tegel die letzten Lebensmonate mit der Niederschrift seiner wichtigen theologischen Gedanken verbringt. Ihr Glaubens- und Lebenszeugnis ist für uns von höchstem Wert und darf nicht ohne Widerhall bleiben. An diesen drei Männern können wir unschwer die Gegensätze und Spannungen des menschlichen Lebens überhaupt ablesen: Abhängigkeit und Freiheit, Sehnsucht nach Gott und Hingabe an Mensch und Welt, Glaubenskraft und Glaubens-

zweifel. Und das werden ebenso alle Menschen erfahren, die ihrem Leben Richtung und Tiefe geben wollen, die in der Nachfolge Christi stehen.
Wir wissen: Am Ende wurden alle drei hingerichtet. Keiner hat diesen Weg gewollt oder gesucht. Sie sind ihn aber nach qualvollen Monaten in tiefem Glauben und letzter Bereitschaft bis zum bitteren Ende gegangen:

> Johannes mit dem demütigen Hinweis: »Jener muss wachsen, ich aber muss geringer werden« (Joh 3,30), –
> Paulus im jubelnden Bekenntnis: »Für mich ist Christus das Leben, und Sterben Gewinn« (Phil 1,21) –
> Dietrich Bonhoeffer in der festen Überzeugung: »Das ist das Ende – für mich der Beginn des Lebens«. –

In solcher Gesinnung und Haltung haben sie die Ankunft des Herrn erwartet und sind ihm entgegen gegangen. So haben sie uns gezeigt, wie das Leben verstanden und der Tod bestanden werden kann. Und sollten wir uns selber eines Tages eingeengt, ja, eingekerkert fühlen durch äußere und innere Nöte, Krisen, Krankheiten, Trauer und Tränen, dann sollten wir uns an diese drei Glaubenszeugen erinnern und wie sie darauf vertrauen, dass nichts und niemand uns von Gottes Liebe in Jesus Christus scheiden kann.

Paulus, Brief an die Philipper: 4,10–14; 1,23–26; 4,4–7
Dietrich Bonhoeffer, Widerstand und Ergebung: © Chr. Kaiser/Gütersloher Verlagshaus GmbH, Gütersloh. Briefe v. 14. 6. 1943; 24. 6. 1943; 17. 1. 1945; 23. 8. 1944

WEIHNACHTEN

Er ist hier, Er liebt mich

25. Dezember 1886. Da hat sich etwas Merkwürdiges ereignet. Da stand in der berühmten Kathedrale Notre-Dame in Paris hinter den Säulen ein junger Mann, achtzehnjährig, begabt, gelangweilt, glaubenslos. Er hat sich sozusagen in die Kirche hineinverirrt, weil er gerade nichts Besonderes vorhatte. Er suchte ein wenig Anregung für einen Roman, den er schreiben möchte. Vielleicht geben die altmodischen Zeremonien etwas her. Gerade haben die Sängerknaben in der nachmittäglichen Vesper das »Adeste fideles« (»Kommt herbei, ihr Gläubigen«) angestimmt, da traf »jenes unglückliche Kind«, wie er sich später selbst bezeichnete, der Strahl der Gnade Gottes. »In einem Moment wurde mein Herz getroffen und ich glaubte. Ich glaubte mit solcher Kraft der Zustimmung, mit einer solchen Erhebung meines ganzen Seins, einer so mächtigen Überzeugung, einer solchen Gewissheit, dass kein Platz mehr war für irgendeine Art des Zweifels ...« Es war wie ein Blitzstrahl, »eine einzige Waffe, deren sich die göttliche Vorsehung bediente, um das Herz eines armen, verzweifelten Kindes zu treffen und es dem Göttlichen zu öffnen: Wie glücklich sind die Menschen, die glauben! Wenn es doch wahr wäre? Es ist wahr! Gott ist, und Er ist hier. Er ist jemand, ein persönliches Wesen wie ich. Er liebt mich, Er ruft mich«. Ein erschütterndes Bekenntnis, Jahrzehnte später so formuliert. Die Gnade hat das Leben dieses jungen Mannes radikal verändert. Er ist der größte katholische Dichter und Dramatiker des 20. Jahrhunderts geworden: Paul Claudel.

1.

»Gott ist hier, Er liebt mich, Er ruft mich« – in diesen drei knappen Aussagen ist die ganze Fülle der weihnachtlichen Botschaft enthalten und ausgesprochen. Und uns stellen sich die Fragen, schließen sich daran nahtlos an: Was bekennen wir in diesem Glauben? Warum halten wir uns an diesen Glauben? Was fordert von uns dieser Glaube?

»Gott ist, und er ist hier«: Ist das nicht einfach eine unbewiesene Behauptung? Wieso ist Gott hier? Wo ist Gott hier? In Wirklichkeit scheint doch Gott abwesend zu sein. Sein Platz in der Welt und über der Welt ist doch leer. Die »Gottesfinsternis« (M. Buber) scheint doch zur erschreckenden Erfahrung unserer Zeit zu gehören. Selbst die Glaubenden haben ihre liebe Not mit ihm. Und denen, die glauben möchten, bleibt der Zugang zu ihm auf mancherlei Weise versperrt. Und vollmundig verkünden immer mehr Menschen in Wort und Tat, dass Gott (für sie) tot und sein Leichengeruch schon zu riechen sei. Es stimmt: Unsere »geistige« Situation ist tatsächlich weithin gott-los geworden. Wobei noch zu fragen wäre, wer wen los ist: Gott uns – oder wir Gott?

Also bleibt die Frage: Was heißt das – Gott ist tot? Welcher Gott ist tot? Welchen Gott sind wir los? Wir können darauf antworten: Der Gott, den Menschen sich erdacht und gewünscht und von dem sie sich ihr »Bild gemacht« haben, der blasse, blutleere und spitzfindig konstruierte Gott der Philosophie, der Lückenbüßer-Gott, der zur Erklärung noch unerklärlicher innerweltlicher Kausalzusammenhänge herhalten muss, der Märchenbuch-liebe-Gott, der in Stunden sentimentaler Regungen und trostbedürftiger Anwandlungen herbeibeschworen wird, der Rentner-Gott, der, losgelöst von Welt und Menschen, irgendwo über uns sein Dasein fristet und sich um seine Schöpfung nicht mehr schert – *dieser* Gott ist tatsächlich tot. Und wir weinen ihm keine Träne nach. Denn dieser Gott ist gar nicht *unser* Gott, sondern ein Götze, dessen wir habhaft werden und über den wir verfügen wollen. Der Gott jedoch, dem wir glauben und an den wir uns halten, ist »der Gott Abrahams, der Gott Isaaks, der Gott Jakobs, nicht der Philosophen und Gelehrten. Der Gott Jesu Christi«. So Blaise Pascal in seinem berühmten »Mémorial«. Und fügt hinzu: »Nur auf den Wegen, die das Evangelium lehrt, ist er zu finden, kann man ihn bewahren«. Es ist der Gott, »der ist und der war und der kommt, der Herrscher über die ganze Schöpfung« (Offb 1,8), absolut frei und überlegen, der uns voraus und zugleich unter uns ist. Dessen Freiheit und Herrlichkeit aber gerade nicht darin besteht, noch größer und gewaltiger, als wir es uns je träumen könnten, zu uns zu kommen, sondern so klein und armselig, dass wir es gar nicht fassen können: in einem unscheinbaren und hilflosen Kind in einer Krippe und in einem Stall. Unser Gott verkleidet sich nicht »menschlich« und spielt nicht »menschlich«, sondern *ist* »menschlich«. Ein Gott, der an die Seite des Menschen tritt, mit ihm auf den Straßen des Lebens geht, neben ihm in den Kerkern der Angst und Schuld ausharrt. So *ist* Gott. Und so ist er hier bei uns.

2.

»Er liebt mich« – das ist die tiefste Aussage unseres Glaubens. Darin gründet das ganze Zeugnis des Neuen Testamentes. Von Johannes so zusammengefasst: »Die Liebe Gottes wurde unter uns dadurch offenbart, dass Gott seinen einzigen Sohn in die Welt gesandt hat, damit wir durch ihn leben«. Und um gleich falscher Selbstsicherheit zu wehren: »Nicht darin besteht die Liebe, dass wir Gott geliebt haben, sondern dass er uns geliebt und seinen Sohn als Sühne für unsere Sünden gesandt hat« (1 Joh 9–10). So wird der Gott in der Höhe zum Gott in der Tiefe. Hier unten. Im Leben und Handeln Jesu. In einem unbedeutenden Land. An einem unbedeutenden Ort. In einer unbedeutenden Umgebung. In einer unbedeutenden Familie. Erniedrigt und entäußert bis ins Letzte. Und dies alles aus reiner Liebe. Um uns aus aller Traurigkeit und Enttäuschung, aus aller Schuld und Verlorenheit zu befreien. Und wie Jesus sind auch wir nicht »ins Dasein geworfen«, sondern »ins Dasein gesendet« – zum Dienst an der Welt und zur selbstlosen Bereitschaft für die Brüder und Schwestern. Im tröstlichen Wissen: »Ist Gott für uns, wer ist dann gegen uns? Er hat seinen eigenen Sohn nicht verschont, sondern ihn für uns alle hingegeben – wie sollte er uns mit ihm nicht alles schenken?« (Röm 8,31–32).

3.

»Er ist hier, Er liebt mich« – damit fällt ein ganz neues Licht auf unser Leben und unsere Geschichte. Doch dürfen wir dabei nicht vergessen: Gott kommt zu uns so unscheinbar, dass er übersehen und überhört werden kann. Gottes Wort wird so sehr Menschenwort, dass es missverstanden, missdeutet, ja sogar missbraucht werden kann. Jesus ist das Beispiel dafür. Seine Botschaft kann als Anmaßung, seine Machttaten als Teufelswerk, sein Ruf zur Nachfolge als Irreführung, sein Verhalten gegenüber Freund und Feind, Frommen und Sündern als Gotteslästerung ausgelegt und verurteilt werden. Und doch gilt immer wieder: »Er ruft mich«. Oder mit den schönen Worten eines anderen katholischen Dichters, Charles Péguy: »Wenn Gott dich ruft, wenn Gott etwas mit dir beabsichtigt ... wirst du nie Ruhe finden«. Gott ruft uns stets von neuem zur Entscheidung, alle Selbstsucht und Selbstsicherheit aufzugeben und uns auf den Weg Jesu zu machen. Er fordert uns auf, seine Menschenfreundlichkeit zu unserer Menschenfreundlichkeit, seine Güte zu unserer Güte werden zu lassen. Denn: »Wenn Gott uns so geliebt hat, müssen auch wir einander lieben«. Und: »Wir haben die Liebe, die Gott zu uns hat, erkannt und gläubig angenommen« (1 Joh 4,11.16a). Wer sich von Gott geliebt weiß, wird seine Stimme hören, sich nicht verhärten und verweigern, sondern von Herzen bekennen: »Wenn wir einander lieben, bleibt Gott in uns, und seine Liebe ist in uns vollendet« (1 Joh 4,12).

4.

»Er ist hier, Er liebt mich, Er ruft mich« – was hier zur tiefsten Glaubensüberzeugung geworden ist, hat Gott schon längst ausgesprochen. Sagt er doch von sich selbst: »Ich bin da, der ich für euch da bin« (Ex 3,14). Im brennenden Dornbusch dem Mose damals. Zuletzt und für alle Zeiten gültig durch seinen Sohn (Hebr 1,1–3). So hat der Gottesname »*Jahwe*« in »*Jesus*« (Jahwe erlöst) tatsächlich Gestalt gewonnen, ist sichtbar und greifbar unter uns erschienen. Und für Israel damals wie für uns heute gilt sein Wort: »Ich habe das Elend meines Volkes (in Ägypten) gesehen, ihre laute Klage über ihre Antreiber habe ich gehört. Ich kenne ihr Leid. Ich bin *herabgestiegen*, um sie der Hand der Ägypter zu entreißen und aus jenem Land hinaufzuführen in ein schönes, weites Land ...« (Ex 3,7–8).
Spüren wir vielleicht doch, wie weit entfernt diese Verheißung Gottes und die dazu gehörige Weihnachtsbotschaft von jenem

oberflächlichen Gerede und Getue sind, die mittlerweile Weihnachten so unerträglich überlagert haben? Denn Weihnachten ist eine radikale Absage an einen zeitlosen Mythos wie an bloße Ideologie, an einen farblosen Idealismus wie platten Materialismus. Absage auch an eine sentimentale Krippenidylle und Krippenromantik. Und auch noch so gut gemeinte Deutungen und Diskussionen werden uns nicht weiterbringen, geschweige denn das unbegreifliche Geheimnis der Menschwerdung Gottes lösen. Wohl aber das gläubige Staunen und die demütige Anbetung, gewonnen aus tiefer Erkenntnis und Erfahrung: »Der Sohn Gottes ist gekommen, und er hat uns Einsicht geschenkt, damit wir den wahren Gott erkennen. Und wir sind in diesem Wahren, in seinem Sohn Jesus Christus. Er ist der wahre Gott und das ewige Leben« (1 Joh 5,20–21).

Ein Bruder qualgeknickt

Einsame Weihnachten

Glanz und Schimmer in der Stadt.
Alle Waisen schweigen tief.
Wer heut' keinen Menschen hat,
lauscht ob ihn der Heiland rief.

Glocken tönen dunkelfern,
auf den Dächern blinkt der Schnee.
Einsam hängt ein dünner Stern
unerreichbar in der Höh.

Tannen duften herb und rein.
Bunte Dinge glitzern glatt.
Grenzenloses Einsamsein
in der großen fremden Stadt.

In den Stuben Licht an Licht,
auf den Straßen Strahl an Strahl.
Auf den Heiland warte nicht,
Einsamer am Marterpfahl!

Funken tanzen durch die Nacht.
In dem Saale prangt der Baum.
Viele Jünger sind erwacht,
nur der Heiland liegt im Traum.

Kinder sind wir, groß und klein.
Alle Stuben sind geschmückt.
Über unserm Einsamsein
hängt ein Bruder qualgeknickt.

(Rose Ausländer)

Es gibt mir besonders zu denken, dass ausgerechnet die bedeutendsten Dichterinnen des 20. Jahrhunderts jüdischer Abstammung waren: Else Lasker-Schüler, Nelly Sachs, Gertrud Kolmar, Hilde Domin – und Rose Ausländer (1901–1988). Sie waren nicht weniger unserem Land verbunden und in unserer Sprache zu Hause als ihre Verfolger, Feinde und Mörder! Rose Ausländer stammte wie Paul Celan aus dem einst österreichischen Czernowitz (Bukowina, heute Ukraine) und wohnte nach einem wechselvollen Leben seit 1965 bis zu ihrem Tod in Düsseldorf. Ihr Gedicht aus der Frühzeit »Einsame Weihnachten« könnte uns zum Nachdenken zwingen.

1.

Zunächst wirkt es recht konventionell, was Inhalt, Form, Sprache und Bilder betrifft. Es könnte gut und gern ein Gedicht des 19. Jahrhunderts sein. Man lese nur einmal zum Vergleich Storms »Weihnachtslied«, Hoffmann von Fallersleben »Der Traum« oder E. M. Arndts »Der Weihnachtsbaum«. Ganz abgesehen von Eichendorffs naturseligem »Weihnachten«. Als Kinder ihrer Zeit und Gesellschaft haben sie – vor allem aber weit schwächere Dichter danach – »unser Bild« von Weihnachten bis heute nachhaltig geprägt und bestimmt. Sie haben mit dazu beigetragen, dass das »Weihnachtsfest« zum »Familienfest«, das »Weihnachtsgeheimnis« zum »Weihnachtszauber«, die »Weihnachtsbotschaft« zum »Weihnachtsmärchen« ausarten und entarten konnten. »Glaube« wird ersetzt durch »Gefühl«, »Staunen« durch »Stimmung«, »Anbetung« durch »Genießen«. So wurde Weihnachten verbürgerlicht, verkitscht und verfälscht. Schließlich auch noch vermarktet. Erfolgreich bis heute. Unbedacht und unhinterfragt weitergereicht. Allen kritischen Appellen und Argumenten der christlichen Kirchen zum Trotz. Selbst einer der größten Feinde des Christentums, Friedrich Nietzsche, wünschte sich – bereits geistig umnachtet – »einen recht großen Christbaum« und bekannte – von den glänzenden Kugeln und brennenden Kerzen verzückt – mehrfach: »Das ist doch das Schönste im ganzen Haus«.
So begegnen wir auch in diesem Gedicht dem allzu bekannten

»Weihnachtsrepertoire« der bürgerlichen Gesellschaft und Dichtung: Glanz und Schimmer, Glocken und Schnee, herb und rein duftende Tannen und bunt glitzernde Dinge, »in den Stuben Licht an Licht, / auf den Straßen Strahl an Strahl.« Nichts ist weggelassen. So muss es die jüdische Dichterin in ihrer mehrheitlich »christlichen« Umwelt mitbekommen haben. Kurios genug: Ganz assimilierte jüdische Familien haben ohne jegliche Bedenken und Einwände ebenfalls Weihnachten mit Christkind, Tannenbaum und Geschenken gefeiert und das Ganze »Weihnukka« genannt, eine Zusammensetzung aus *Weih*nachten und Cha*nukka*, dem zu gleicher Zeit begangenen jüdischen Lichterfest (zur Erinnerung an die Tempelweihe). Kurzum: Mit Emotionen aufgeladen, mit Geschenken überladen – so wird Weihnachten gefeiert. »Alle Jahre wieder ...«

2.

Doch in der Überschrift des Gedichtes kommt noch etwas anderes zum Ausdruck. Weihnachten hat auch eine andere Seite. Wie kaum sonst im Jahr taucht da das merkwürdige, bedrückende Gefühl von Einsamkeit auf. Die schmerzliche Erinnerung an etwas, was unwiderruflich, unwiederbringlich vorbei, verloren ist: die Kindheit. Das »reine«, »unschuldige«, »unbeschwerte« Kindsein. Das verklärte und vermeintlich »heile« Kinderparadies. Kein Wunder, dass darum Weihnachten für sehr viele Menschen zur Tortur, zum »Marterpfahl« wird (so im Gedicht). Die in diesen Tagen auffällig erhöhte Selbstmordgefahr und Selbstmordrate sprechen für sich. Zurück bleibt jedenfalls die wehmütige Erkenntnis: »Kinder sind wir, groß und klein«. So kommt in unserem Gedicht – nach der Überschrift – noch viermal das Wort »einsam«, »Einsamer«, »Einsamsein« vor, das auch noch »grenzenlos« ist »in der großen fremden Stadt«. Hinzu kommt das Gefühl, verwaist, alleingelassen, verlassen zu sein – trotz Glanz und Schimmer: »Alle Waisen schweigen tief«. Auf einmal wird ein anderer, fremder Ton angeschlagen, der die ganze »Weihnachtsidylle« empfindlich stört. Aller äußerlicher Flitter und Flimmer fällt in der Einsamkeit ab, und der Weg wird frei, den eigentlichen und tieferen Sinn von

Weihnachten zu vernehmen: »Wer heut keinen Menschen hat, / lauscht ob ihn der Heiland rief«. Bemerkenswert, dass die jüdische Dichterin den betont christlichen Namen »Heiland« gebraucht, die Verdeutschung des hebräischen »Jeshua« – »Jesus«, was bekanntlich »Jahwe heilt, rettet, erlöst« bedeutet. Doch jäh wird auch diese Hoffnung in der vierten Strophe zerschlagen: »Auf den Heiland warte nicht, / Einsamer am Marterpfahl!« Die ersehnte Verheißung findet keine tröstliche Erfüllung, die Hoffnung bleibt Illusion. Zusätzlich verstärkt: »Viele Jünger sind erwacht, / nur der Heiland liegt im Traum«. Am Ölberg war es einst gerade umgekehrt: Jesus war in seiner Todesangst einsam und hellwach, derweil seine Jünger schliefen. Jetzt sind seine »vielen« Jünger erwacht – und er träumt. Heißt das, dass Jesus, inzwischen aller Erdenschwere, allem Erdenleid enthoben, sich aller Angst, Not und Einsamkeit der übrigen Menschen entzogen hat? Ist es vielleicht eine ironische Randbemerkung zu »Schlaf in himmlischer Ruh«? Oder ein bittersüßer Nachklang von »Schlaf wohl, du Himmelsknabe du«? Es bleibt offen.

3.

Spätestens jetzt müssen wir darauf eingehen, welche unerwartete, unkonventionelle Wendung dieses Gedicht dann doch nimmt – gegen alle Kinder-, Winter- und Weihnachtsseligkeit. Damit auch Inhalt und Gehalt der eingangs erwähnten Weihnachtsgedichte übertreffend. Ein schriller Ton stört auf einmal die traute Harmonie, die festtägliche Behaglichkeit. Und zwar mit diesen beiden Sätzen: »Einsam hängt ein dünner Stern / unerreichbar in der Höh«. Und noch mehr: »Über unserm Einsamsein / hängt ein Bruder qualgeknickt«. Dreimal die gleichen Bilder: »Einsam(sein)«, »hängt« und »in der Höh« bzw. »über«. Wobei das Bild vom »dünnen Stern«, der kaum ein hell leuchtender, wegweisender, hoffnungweckender Bethlehemstern ist, noch durch das vom »Bruder qualgeknickt« gesteigert und überboten wird. Nicht mehr »unerreichbar«, sondern in Reichweite sichtbar. So wird auf einmal unser Blick vom »Jesulein zart und mild« auf den »Bruder qualgeknickt« gelenkt, am Kreuz hängend, den »König der Juden«. Auch der Bruder der Jüdin Rose Ausländer! Hier wird damit ernst gemacht, was in der üblichen und oberflächlichen Weihnachtsduselei allzu rasch und allzu gern ausgeblendet wird: Das Kind in der Krippe ist niemand anderer als der Mann am Kreuz. »Qualgeknickt«. Qualgebeugt. Solidarisch mit aller Not und Einsamkeit der Menschen. Bis in den Tod hinein. Alles andere läuft an der Weihnachtsbotschaft vorbei.

4.

Als ich dieses Gedicht zum ersten Mal las, musste ich sofort an ein Bild des jüdischen Malers Marc Chagall denken, das er bereits 1912 gemalt hat. Ein ungewöhnliches Bild mit dem Titel: »Golgota«. Ursprünglicher Titel: »Christus gewidmet«. Es befindet sich im Museum of Modern Art in New York. Vor einem gelb-grünen, kubistisch zerlegten Hintergrund, vor einer großen sonnenähnlichen Scheibe hängt, besser: schwebt mit ausgebreiteten Armen und tänzelnden Beinen an einem nur wenig angedeuteten Kreuz ein praller kindlicher Körper. Große Augen, aufgerissener Mund, ein Lendentuch mit Blumenmuster um die Hüften. Das »Jesus-Kind«. Ziemlich unter ihm seine Mutter Maria, aufschauend, in einem grünen Kleid mit dem gleichen Blumenmuster und mit entblößter Brust. Wohl inspiriert von byzantinischen Ikonen, die den Bildtypus der »milchnährenden«, stillenden Gottesmutter kennt. Hinweis auf das »wahre Menschsein« Jesu. Ihr gegenüber steht Joseph, nicht – wie üblich – Johannes. Groß, mit langem Bart, in einem bunt-orientalischen Gewand, mit ausgebreiteten Armen und geöffneten Händen zum Kind aufblickend. Zudem erkennen wir einen Mann, der eine Leiter fortträgt und zum Gekreuzigten zurückblickt, und einen Fährmann im Ruderboot – vielleicht Charon, der nach der griechischen Sage die Toten in die Unterwelt geleitet. In einer Rede zur Ausstellungseröffnung hat sich Chagall auch zu diesem Bild geäußert: »Die symbolische Figur von Christus war mir immer vertraut, und ich war entschlossen, ihr aus der Vorstellung meines jungen Herzens heraus Gestalt zu geben. Ich wollte Christus als unschuldiges Kind zeigen ...« So kann man dieses einsam hängende, unwirklich leuchtende Jesuskind – mit den

Worten des Schwiegersohnes Chagalls und Basler Kunstmuseumsdirektors Franz Meyer – als »Ausdruck der Unschuld und jugendlichen Kraft jener Wahrheit deuten, die das Aufsichnehmen des Leidens durch Christus verkündet«.

5.

Also ein Weihnachtsgedicht und ein Weihnachtsbild ganz besonderer Art. Was mich dabei aber ganz eigentümlich berührt, ist, dass die Dichterin und der Maler, gewiss mit christlichen Bildern und Inhalten vertraut, aber nicht im christlichen Glauben beheimatet, von diesem Glauben *mehr* verstanden haben als die meisten »christlichen« Zeitgenossen. Damals wie heute. Machen wir die Probe aufs Exempel: Wie vielen, für die Weihnachten sich in Tannenduft, Träumereien und Festtagsbraten erschöpft, ist bewusst, dass Krippe und Kreuz unbedingt zusammengehören – und damit Freud und Leid, Einsamkeit und Gemeinsamkeit, Hoffnung und Verzweiflung, Friede und Gewalt? Wie viele denken daran, dass »über unserm Einsamsein ein Bruder qualgeknickt« hängt, der sich ganz und gar mit uns »verbrüdert« hat, damit wir hoffnungsvoll weiterleben und weiterkämpfen können? Der darum Mensch wurde, damit wir *mehr* Mensch werden?

Gott zum Anfassen

Unsere Sprache ist lebendig und wandelt sich ständig. Neue Wörter und Ausdrücke entstehen, neue Begriffe werden gebildet. Plötzlich sind sie in aller Munde. Wie zum Beispiel das Wort »zum Anfassen«. Ein Schauspieler zum Anfassen. Eine Sängerin zum Anfassen. Ein Präsident zum Anfassen. Ein Papst zum Anfassen. Und nach Aussage des Kanzlers ist sogar der Traum eines vereinten Europa »mit der gemeinsamen Währung, dem Euro, gleichsam anfassbar geworden«. Was drücken wir eigentlich damit aus? Zunächst einmal Überraschung und Erstaunen darüber, dass da jemand »zum Anfassen« ist. Denn damit hat man nicht von vornherein gerechnet, weil es auch nicht selbstverständlich ist. Denn ein Mensch, der zum Anfassen ist, scheint doch durch seine politische oder soziale Stellung, durch seine geistige, religiöse oder künstlerische Bedeutung, einfach auch durch Amt und Würden über die »breite Masse«, die »gewöhnlichen Menschen« hocherhaben zu sein. Man erwartet dementsprechend gehörigen Abstand und Überlegenheit. Ist dann aber bass erstaunt und stellt mit Freude fest: Der ruht nicht auf seinen Ehren und Lorbeeren aus, lässt nicht die anderen seine Größe spüren, sondern kennt Stimme und Stimmung des Volkes, geht ungezwungen auf Menschen zu, geht auf sie ein, verbreitet Verständnis, Zutrauen, ja sogar Zuneigung. So wird mit einem Mal eine(r) »zum Anfassen«! Kein Wunder, dass Menschen dies dankbar genießen und darüber glücklich sind.

1.

Doch das Ungeheuerlichste behaupten und bekennen Christen an Weihnachten: Wir haben einen Gott zum Anfassen! Der Evangelist Johannes sagt es kurz und bündig so: »Das Wort ist Fleisch geworden und hat unter uns gewohnt« (1,14). Gott hat ein menschliches Antlitz, hat Gestalt gewonnen, Hand und Fuß bekommen. Ein

Gott aus Fleisch und Blut. Unfassbar und anfassbar in einem. Gegen alles menschliche Wissen und Erkennen, gegen alle Naturgesetze. Im Weihnachtslied heißt es treffend so:

> »Den aller Weltkreis nie beschloss, / der liegt in Marien Schoß; / er ist ein Kindlein worden klein, / der alle Ding erhält allein. / Kyrieleis« (GL 130,3).

Ja, seine Mutter Maria wird die erste gewesen sein, die ihn angefasst und in Windeln gewickelt hat. Und dann Joseph. Und dann Simeon im Tempel. Und auch die Hirten und die Weisen aus dem Morgenland. Sie alle wollten den unfassbaren Gott anfassen, ihm ganz nahe sein, ihn preisen, ihre unbeschreibliche Freude darüber zum Ausdruck bringen. Jesus: der Gott zum Anfassen! Ähnlich erging es auch den Menschen in späterer Zeit. Mit größter Verwunderung, aber auch mit Kopfschütteln entdeckten sie, dass da einer umherzieht und zu ihnen vom liebenden, versöhnenden Gott spricht, freimütig menschliche Grenzen und Gesetze übergeht, Abstand überwindet und Vertrauen weckt, neue Beziehungen schafft und auch viel Zuneigung gewinnt. Einfach, weil er zu allen gut ist und es mit ihnen gut meint. Beispiele dafür gibts genug. Die blutflüssige Frau etwa, die von hinten sein Gewand anfasste und wirklich geheilt wurde (Lk 8,44). Oder die öffentliche Sünderin, die seine Füße mit ihren Tränen benetzte und dann mit ihren Haaren trocknete (Lk 7,38). Auch die Zöllner und Sünder, die ihn zu sich einluden und so »Kontakt«, »Berührung« mit ihm suchten. Nicht zu vergessen jene Frau, die kurz vor seinem Leiden und Sterben in Betanien Öl auf sein Haupt goss – aus Verehrung und Liebe (Mk 14,3). Schließlich auch die Frauen, die die Füße des Auferstandenen umfassten (Mt 28,9) oder der zweifelnde Thomas, der seine Wundmale anfassen will und dann nur noch ausrufen kann: »Mein Herr und mein Gott!« (Joh 20,28). Wirklich: ein »Gott zum Anfassen«. Mit Recht hat Lukas das so zusammengefasst: »Alle Leute versuchten ihn anzufassen, denn es ging eine Kraft von ihm aus, die alle heilte« (Lk 6,19).

2.

Aber – was berechtigt und ermutigt uns eigentlich, Gott anzufassen? Den unantastbaren, unbegreifbaren, unendlich erhabenen Gott? Ganz einfach: weil dieser Gott selbst keine Scheu, keine Bedenken, keine Tabus kannte und kennt, *uns* anzufassen. Gott hat keine »Berührungsängste«. Weder dem Aussätzigen (Mk 1,41) noch dem Taubstummen (Mk 7,33), weder den beiden Blinden (Mt 9,29) noch dem Gelähmten gegenüber, dem er auf die Beine hilft (Mk 2,11). Die fieberkranke Schwiegermutter des Petrus (Mk 1,31) fasste er genau so an wie die tote Tochter des Jairus, die er zum Leben erweckte (Mk 5,41). Nicht zuletzt auch den sinkenden Petrus (Mt 14,31) oder die Kinder, die er in seine Arme nahm, ihnen die Hände auflegte und sie segnete (Mk 10,16).

Das war alles so ungewöhnlich und unvergleichlich, dass die Menschen auf solches Verhalten ganz gegensätzlich reagierten. Die einen gerieten außer sich, brachen in Freudenschreie und Jubel aus, die anderen bekamen das Grausen, sahen Recht und Ordnung gefährdet und planten, dies abzustellen. Notfalls mit Gewalt. Auf einmal wird der Gott »zum Anfassen« zum öffentlichen »Anstoß«. Am Ende gaben sie ihm den Todesstoß, weil sie von seinen ungewöhnlichen »Berührungen« genug hatten.

3.

Gilt das auch von uns? Sind wir überhaupt noch von ihm »berührt«? Lassen wir uns von ihm »anfassen«, tief im Innern »erfassen«? Suchen wir ihn anzufassen – aus überzeugtem Glauben, aus echter Liebe, mit der ganzen Offenheit und Empfänglichkeit eines demütigen Herzens? Dass wir uns recht verstehen: Es genügt nicht, unseren Gott für ein paar kerzenflimmernde Stunden aus der Kramschachtel der Erinnerungen herauszuholen, ein bisschen auf Heu und Stroh zu legen, um ihn dann – in Watte verpackt – mit dem übrigen Weihnachtsputz wieder auf den Speicher zu bringen. Das ist nicht gemeint, wenn wir sagen, dass Gott »zum Anfassen« ist. Denn entscheidend ist nicht, was wir aus Weihnachten machen, sondern was Weihnachten aus uns macht! Mit äußerlichem Tun und Treiben ist's nicht getan. Schließlich haben nach den Evangelien sowohl die Sünderin wie Judas Jesus umfasst und geküsst. Nur war es das eine Mal überwältigte Liebe, das andere Mal schäbiger Verrat. Wie aber Gott für uns wirklich und wahrhaftig »anfassbar« wird, offenbart uns eines der schönsten Advents- und Weihnachtslieder. In der 5. und 6. Strophe von »Es kommt ein Schiff, geladen« (GL 114) heißt es:

> »Und wer dies Kind mit Freuden / umfangen, küssen will, / muss vorher mit ihm leiden / groß Pein und Marter viel, / danach mit ihm auch sterben / und geistlich auferstehn, / das ewig Leben erben, / wie an ihm ist geschehn.«

Da werden ganz klare Bedingungen gesetzt. Nur der darf Gott »berühren«, anfassen, der in seinem ganzen, alltäglichen Reden und Denken, Lieben und Leben, Leiden und Sterben eins wird mit Ihm. Nur wer sich von seinem Reden und Handeln – bis in den Tod hinein – erfassen lässt, darf ihn anfassen und umfassen. Auf dieses Mit-leben und Mit-leiden kommt es entscheidend an. Denn in diesem Kind von Bethlehem hat sich Gott auf Gedeih und Verderb auf uns eingelassen, ist er voll und ganz mit uns eins geworden. Und so mit allen Brüdern und Schwestern am Rand des Lebens: den gedemütigten und gequälten, den verzweifelten und gescheiterten, den unterlegenen und unterdrückten. Auf sie alle hat es unser Gott besonders »abgesehen«. Weil in jedem Menschenantlitz Jesu Antlitz aufscheint.

4.

Viele Frauen und Männer haben seitdem Ernst damit gemacht, dass Gott für uns »anfassbar« geworden ist. Und dann sind sie selber in den Schmutz und in das Elend dieser Welt hinuntergestiegen und haben angefasst, angepackt, wo Not am Mann war: Franz von Assisi und Elisabeth von Thüringen, Vinzenz von Paul und Louise de Marillac, Charles de Foucauld und Madeleine Delbrêl, um nur einige stellvertretend für abertausend andere Frauen und Männer zu nennen, die Gleiches oder Ähnliches taten. Jetzt liegt es an uns, ob Gott auch für uns »zum Anfassen« wird in den

Menschen, die uns begegnen oder die er uns in den Weg stellt. Und unüberhörbar klingt es in unseren Ohren: »Wer seinen Bruder (seine Schwester) nicht liebt, den (die) er sieht, kann Gott nicht lieben, den er nicht sieht. Wer Gott liebt, soll auch seinen Bruder (seine Schwester) lieben« (1 Joh 4,20–21). Wenn wir das in die Tat umgesetzt haben, dann erst ist Weihnachten geworden. Dann dürfen wir uns auch das kostbare Zeugnis des 1. Johannesbriefes zu Eigen machen und bekennen: »Was von Anfang an war, was wir gehört haben, was wir mit unseren Augen gesehen haben, was wir geschaut und was unsere *Hände angefasst* haben, das verkünden wir: das Wort des Lebens. Denn das Leben wurde offenbart; wir haben gesehen und bezeugen und verkünden euch das ewige Leben, das beim Vater war und uns offenbart wurde« (1 Joh 1,1–2).

Gott auf schiefer Bahn

Weihnachten
Holzschnitt von HAP Grieshaber (1963)

Ich bin mir ziemlich sicher: Dieses Weihnachtsbild wird den meisten Betrachtern nicht gefallen. Mindestens nicht auf Anhieb. Viel zu grob, zu roh, zu gewaltsam. Auch aufreizend. Ja, abstoßend. Und gerade mit Weihnachten verbinden wir doch die schönsten Bilder und Szenen. Wunderbare Farben, liebevolle Darstellung, feierliche Stimmung, innige Gefühle. Daran haben es die alten Meister wahrlich nicht fehlen lassen. Doch hier ist alles Provokation: das harte Schwarzweiß, die derben Formen, die klobigen Gestalten, die unfreundliche Atmosphäre. Abgesehen von allem, was auf dem Bild fehlt und doch unbedingt zu Weihnachten dazugehört: der strohgedeckte Stall, die jubilierenden Engel, die herbeieilenden und staunenden Hirten, die zottigen Schafe. Ganz zu schweigen vom Stern und den exotischen Weisen aus dem Morgenland mit ihren Schätzen und Kamelen. Hier kann das Auge nirgends gemütlich und genüsslich verweilen. Da regt sich nichts in Herz und Gemüt. Dafür umso mehr Widerspruch, ja, Widerstand.

1.

Zugegeben: Hier lässt sich nichts schönfärben. Und auch nichts schönreden. Es ist, wie es ist: ein ungewöhnliches, unbehagliches Weihnachtsbild. Aber dennoch sollten wir uns der vom Künstler beabsichtigten Provokation nicht verschließen, sondern uns ihr stellen und öffnen. Denn wenn uns diese Darstellung aufregt und ärgert, liegt es doch auch an uns, die wir ja schon längst alles zu »kennen« und zu »wissen« meinen. HAP Grieshaber (1909–1981), einer der bedeutendsten Holzschneider des 20. Jahrhunderts, weithin bekannt und hochgelobt, mutet uns diese Auseinandersetzung zu. Und wir sollten sie nicht scheuen, sondern bewusst – selbstbewusst – aufnehmen. Sein ganz eigener, unverwechselbarer Stil tritt in diesem Holzschnitt zu Tage. Dichte, großzügige, blockhafte Formen und stark vereinfachte, torsohafte Figuren kennzeichnen seine Arbeiten – und auch unsere Darstellung. Alles ist ohne Schnörkel und Verspieltheit ins Bild gesetzt. Nicht weitschweifig illustriert, sondern aufs Wesentliche konzentriert und reduziert. Präzis. Prägnant. Im besten Sinne: plakativ. So auch dieses Weihnachtsbild.

Rechts, ähnlich wie auf den alten Weihnachtsbildern an den Rand gedrückt, steht Josef breitbeinig vor uns. Mit langem Haar und Bart, über den Schultern ein Fell als Umhang, das an seiner linken Seite länger als an der rechten herunterhängt, die Hände über der Brust gekreuzt oder gar gefaltet (wobei die Schraffuren über der Brust die einzige graue Fläche des sonst radikal schwarz-weißen Holzschnitts bilden). Das Gesicht mit dem großen Mund, mit nur wenigen Linien angedeutet, drückt wohl mehr Klage und Jammer als Freude aus. Links, ebenfalls am Rand, steht Maria, die Mutter des neugeborenen Kindes. Ihr Gesicht, mit noch weniger Strichen angedeutet, scheint vom großen Heiligenschein beinahe aufgesogen. Ihre Gestalt ist mehr ahnbar als sichtbar. Dicht neben ihr, groß und breit, mit weit aufgerissenen Augen die Köpfe der vertrauten Krippentiere Ochs und Esel, die, bezogen auf das Jesajawort (1,3) und erwähnt im apokryphen Evangelium des Pseudo-Matthäus, auf allen Weihnachtsbildern auftauchen. Immer stumm das unbegreifliche Ereignis bestaunend. Und dann das Krippenkind. Hochbeinig und sperrig ragt schon seine mit Stroh gefüllte Krippe vor uns auf. Mehr einem Sägebock als einem Futtertrog ähnlich. Gegen alle perspektivischen Gesetze wird uns nun die Draufsicht auf das übergroße göttliche Kind gewährt. Auch bei ihm sind Kopf und Heiligenschein, Arme und die festen, strampelnden Beine großzügig behandelt, als solche durchaus erkennbar. Eine ovale Fläche, einer Gloriole gleich, umschließt das Kind und hebt es in seiner Bedeutung heraus. Mein erster spontaner Gedanke: Es wird uns und der Welt wie auf einem Tablett serviert und präsentiert. Hier werden wir von Gott mit diesem Kind – wortwörtlich! – »bedient« und »beschert«.

2.

Ganz und gar ungewöhnlich ist die Schieflage des Kindes. Meines Wissens hat kein anderer Künstler eine so ungewöhnliche Darstellung gewagt. Man meint, es müsse aus der Krippe herausfallen, kopfüber abrutschen. Es scheint weder Halt zu haben noch Halt zu finden. Also unmittelbar, unabwendbar vor einem gefährlichen Sturz, einem schmerzlichen Absturz. Und noch nicht einmal von seinen Eltern bemerkt. Was für eine merkwürdige, ja, befremdliche Sicht! Jesus – möglicherweise »schief gewickelt«? Unvermutet »schief gelagert«? Ist es dies, was der Künstler uns unverblümt vor Augen stellen will? Es stimmt: Mit Jesus ist Gott tatsächlich auf die schiefe Bahn geraten. In dieser Welt. Unter uns Menschen. Wie ein Gegenstand auf einer schiefen Ebene immer mehr abgleitet und schnurstracks nach unten, auf den Erdboden fällt, so auch Jesus. Von Anfang an. Seine Niederkunft begann draußen vor der Stadt, in einem Stall. Sein Niedergang endete draußen vor der Stadt, auf einem Hügel. Dazwischen Verfolgung und Flucht, Auseinandersetzung und Ablehnung, Verurteilung und Vernichtung. Und dies alles – unbegreiflich genug – auch noch gut-willig. Bereitwillig. Freiwillig. »So sehr hat Gott die Welt geliebt, dass er seinen eingeborenen Sohn hingab, damit jeder, der an ihn glaubt, nicht zugrunde geht, sondern das ewige Leben hat« (Joh 3,16).

3.

Darum ist Gott vom Himmel »herabgekommen«, heruntergekommen – für uns Menschen und zu unserem Heil. Und Jesus, »das Licht der Welt«, »das Licht in der Finsternis«, hat sich nicht gescheut, »ins schiefe Licht« der Menschen zu geraten. Das Gleiche sagt Johannes, nur in gehobener Sprache: »In ihm war das Leben, und das Leben war das Licht der Menschen. Und das Licht leuchtet in der Finsternis, und die Finsternis hat es nicht erfasst« (1,4–5). Aber das war kein tragisches Geschick, kein verhängnisvolles Schicksal, das ihn wider besseres Wissen und gegen seinen Willen getroffen hat, sondern seine ureigene »Herzens-sache«, um denen nahe zu sein, die – wie er – schief angesehen wurden und über die man den Mund schief verzogen hat: die Armen und Schwachen, die Kranken und Verzweifelten, die Verkommenen und Schuldigen. Das haben ihm die verantwortlichen Führer des Volkes krumm und schief genommen und nicht geruht, bis er ausgeschaltet war. Möglich, dass all das dem Künstler vor Augen stand und dass er das auch uns deutlich vor Augen stellen wollte. Bekanntlich hat sich gerade Grieshaber mit seiner Kunst in soziale und politische Probleme eingemischt und sich im Kampf gegen Unrecht, Gewalt und Unterdrückung für die Schwachen und Ausgebeuteten eingesetzt. Darum ist auch an Weihnachten – und da hat er recht – kein Platz für harmlose Kinderträumerei und traute Familienseligkeit, weil auch damals für diesen Einen »kein Platz in der Herberge« war, weil auch er konsequent ausgegrenzt, abgestempelt und abgeschoben wurde. Und wie zur Bestätigung hat er noch etwas sichtbar gemacht: Die Augen des göttlichen Kindes sind haargenau auf uns, die Betrachter gerichtet. Gespannt. Fragend. Antwort erwartend. Entscheidung fordernd, wie wir es halten. Worauf es uns an Weihnachten ankommt. Wo *unser* Platz ist. Wem wir Platz machen und Platz geben wollen.

Ob wir jetzt dieses Bild doch mit anderen Augen anschauen werden? Hier kann man Weihnachten nicht so leicht genießen und verdauen. Dafür aber wird sein Anruf, sein Anspruch umso eindringlicher vor Augen gestellt – und dies in erstaunlicher Tiefe und Wahrhaftigkeit!

Mit Gott in Frieden stehn

Über die Geburt Christi

Kind, dreimal süßes Kind! in was bedrängten Nöten
Bricht dein Geburts-Tag ein! Der Engel-Scharen Macht
Bejauchzet deine Kripp und singt bei stiller Nacht;
Die Hirten preisen dich mit hellgestimmten Flöten.

Ach, um mich klingt der Hall der rasenden Trompeten,
Der raue Pauken-Klang, der Büchsen Donner kracht.
Du schläfst; der tolle Grimm der schnellen Zwietracht wacht
Und dräut mit Stahl und Schwert und Flamm und Hass und Töten.

O Friede-Fürst! lach uns aus deinen Windeln an!
Dass mein bestürztes Herz, das nichts als seufzen kann,
Dir auch ein Freuden-Lied, o Sohn der Jungfrau, bringe.

Doch wenn ich, Gott! durch dich mit Gott in Frieden steh,
So kann ich fröhlich sein, ob auch die Welt vergeh,
Indem du in mir ruhst. O Kind! Mein Wunsch gelinge!

(Andreas Gryphius)

»Nichts ist mehr so, wie es war« – ein Satz, vielgehört seit dem 11. September. Ausdruck von Erschütterung und Entsetzen. Inzwischen aber auch schon wieder zum Allgemeinplatz geworden. Wie auch immer: Unvorhergesehene Ereignisse, Krisen können urplötzlich unsere Einstellungen und Vorstellungen, unsere Pläne und Ziele, unser alltägliches, ja, unser ganzes Leben einschneidend verändern. Positiv wie negativ. Eigentlich nichts Ungewöhnliches. Die Weltgeschichte ist randvoll mit Beispielen. Nur meinen jeweils die Betroffenen immer, einzig und allein sie seien – »beispiellos«, wie keine Zeit zuvor – davon berührt und damit konfrontiert. Was natürlich nicht stimmt. All das kam mir beim Lesen des Weihnachtsgedichtes »Über die Geburt Christi« des schlesischen

Barockdichters Andreas Gryphius in den Sinn. Seine Lebenszeit (1616–1664) fällt haargenau zusammen mit einer der dunkelsten und schrecklichsten Zeit der abendländischen Geschichte, dem Dreißigjährigen Krieg (1618–1648). Es bleibt unserer Phantasie überlassen, sich auszumalen, was das für eine Zeit des äußeren und inneren Niedergangs, der sittlichen und religiösen Verwahrlosung war, begleitet von Pest, Seuchen, Hungersnot, Zerstörung. Und die Unschuldigen, Frauen und Kinder, traf es – wie immer – am meisten. Gelähmt von Angst und Schrecken. Ununterbrochen triumphierten Mord und Gewalt. Ständig wurden alle Hoffnungen auf Frieden zerschlagen. Besonders schmerzlich gerade auch für die, die dadurch in ihrem Glauben und ihren Wertmaßstäben getroffen und angefochten waren.

Die ganze Not einer unheilen Welt, die sich trotzdem immer neu nach Heil und Glück sehnt, spiegelt für mich dieses Gedicht wider. Es ist ein Sonett, bestehend aus je zwei Vierzeilern und zwei Dreizeilern. Eine ganz persönliche poetische Meditation »über die Geburt Christi«. Über jenes Ereignis und Fest also, in deren Mitte Friede und Freude über die Geburt des Erlösers stehen: »Herrlichkeit ist Gott in der Höhe und auf Erden Friede bei den Menschen, die er liebt« (Lk 2,14).

1.

So wendet sich der Dichter gleich in der ersten Strophe mit einem zärtlichen und zugleich schmerzlichen Ausruf an das göttliche Kind: »Kind, dreimal süßes Kind! in was bedrängten Nöten / Bricht dein Geburts-Tag ein!« Das Fest des Friedens und der Versöhnung inmitten von Krieg und Zerstörung. Vertraute Bilder steigen in ihm auf: jauchzende Engelscharen am Himmel und um die Krippe herum, »stille Nacht«, lobpreisende und flötenspielende Hirten, die als erste die »Frohbotschaft« erfahren dürfen. Doch die »große Freude, die allem Volk zuteil werden soll« (Lk 2,10) ist »bedrängten Nöten« gewichen, die »stille« Nacht vom Kriegsgeschrei übertönt. Die zweite Strophe führt das weiter aus. Eine sanfte, gar idyllische Betrachtung des Weihnachtsgeheimnisses kann gar nicht aufkommen. Statt Engeljubel dröhnt »der Hall der rasenden

Trompeten«, statt Schalmeienklang »der raue Pauken-Klang« der Kriegsheere, dazu »der Büchsen Donner«, also das Krachen und Rattern der Gewehre. Und während das Kind friedlich, »in himmlischer Ruh« schläft, wacht, beherrscht und bedroht »der tolle Grimm der schnellen Zwietracht«, verbunden »mit Stahl und Schwert und Flamm und Hass und Töten«, das eigene Leben wie die halbe Welt. Alles hat sich verkehrt: statt Harmonie nun Zwietracht, statt Versöhnung Vernichtung, statt Liebe Hass, statt »neuem« Leben allgegenwärtiger Tod. Ich meine, die ganze Fassungslosigkeit und qualvolle Hilflosigkeit des Dichters angesichts dieser unerträglichen Widersprüche kommen in diesen Zeilen ans Licht. Gerade auch für uns heute gut nachvollziehbar.

2.

In den beiden folgenden Strophen wendet sich Gryphius mit Bitten an den neugeborenen Gottessohn. »O Friede-Fürst! lach uns aus deinen Windeln an!« Eine demütige, ehrfürchtige Anrede. Er hat sie einem in der Weihnachtsliturgie verlesenen Text aus dem Propheten Jesaja entnommen: »Ein Kind ist uns geboren, ein Sohn ist uns geschenkt … man nennt ihn: Wunderbar, Herrlicher, der starke Gott, der Ewigkeiten Vater, Friedefürst! Seine Herrschaft ist groß, und der Friede hat kein Ende« (Jes 9,5–6). Große Namen, einst dem Pharao bei seiner Thronbesteigung zugesprochen, werden nun dem Kind in der Krippe beigelegt. Nicht menschlichen Machenschaften, nicht diplomatischem Geschick, sondern allein diesem Kind wird die Hoffnung auf Frieden und die Erfüllung des Friedens zugetraut. »Lach uns aus deinen Windeln an!« Das Lachen eines Kindes ist für Eltern und alle Beteiligten ein untrügliches Zeichen von Zufriedenheit, Gesundsein, Geborgenheit, Harmonie und Glück, die wiederum auf sie selbst zurückstrahlen. Der Dichter freilich erwartet sich noch mehr davon: »Dass mein bestürztes Herz, das nichts als seufzen kann / Dir auch ein Freuden-Lied, o Sohn der Jungfrau, bringe«. Sein Wunsch: Er möchte – trotz aller Not und Qual – in den Freudengesang der Engel und Hirten miteinstimmen. Im Übrigen kommt hier auch die tiefe Verwurzelung des Dichters mit dem christlichen Glauben zum Ausdruck, indem er Jesus mit seinen Hoheitstiteln anspricht: Friede-Fürst, Sohn der Jungfrau, Gott.

3.

Ob das Lachen eines Kindes in einer unheilen, mörderischen Welt, in der einem das Lachen vergeht, auch das Lachen des göttlichen Kindes, wirklich etwas verändert, zum Besseren verwandelt? Wie eine plötzliche Eingebung kommt es dem Dichter: Um »fröhlich« zu sein oder zu werden, bedarf es mehr. Es bedarf des Friedens mit Gott in einer friedlosen Welt. »Mit Gott in Frieden stehen.« Er allein schenkt und garantiert den Frieden. Und zwar durch den, der später selbst versprach: »Frieden hinterlasse ich euch, meinen Frieden gebe ich euch; nicht einen Frieden, wie die Welt ihn gibt, gebe ich euch. Euer Herz beunruhige sich nicht und verzage nicht ...« (Joh 14,27). Darum kann ein Paulus auch unumwunden feststellen: »Christus ist unser Friede ... Er hat in seiner Person die Feindschaft getötet. Er kam und verkündete den Frieden: euch, den Fernen, und uns, den Nahen« (Eph 2,14–17). Mit Gott in Frieden stehen – wie soll das geschehen? »Indem du in mir ruhst.« Ein ganz bedeutsamer Gesichtspunkt. Ein Gedanke, der immer wieder in Weihnachtstexten und Weihnachtsliedern, nicht zuletzt in der Mystik zum Vorschein kommt: Das Einkehren, Wohnen und Ruhen Gottes in der menschlichen Seele. Das menschliche Herz als Krippe, als Herberge, als Wohnstatt, die sich Gott selbst erwählt. Gottesfriede schafft Herzensfriede – allen Irrungen und Wirrungen der Welt zum Trotz. Verbunden mit der liebe- und vertrauensvollen Bitte: »O Kind! mein Wunsch gelinge!«
Angesichts unserer gegenwärtigen Weltsituation – zwischen Terror und Krieg, zwischen Angst und Hilflosigkeit, zwischen panischer Aufrüstung und hektischer Vergeltung – wirkt dieses Weihnachtssonett von Gryphius besonders beklemmend, weil bestürzend aktuell. Eine Weihnachtsbetrachtung zwischen Seufzen, Jammer – und leiser Hoffnung! Nach diesen krisengeschüttelten Monaten spricht sie gültig unsere eigenen Gefühle aus. Nur: Ziehen wir – wie Gryphius – auch die richtigen Konsequenzen?

Was nützen die hehren Worte wie »Angriffe auf die zivile Welt«, »Kampf der Kulturen«, »unantastbare Menschenwürde«, wenn sie nicht nach den tieferen Ursachen und Abgründen fragen, die dies alles in Frage stellen? »Wenn Gott nicht ist, ist alles erlaubt«, sagt Dostojewski. Und das gilt für alle Seiten: für die, die Gott aus ihrem Leben gestrichen haben, wie für die, die Gottes Namen für ihre Verbrechen missbrauchen. Ein tragisch-trauriges Kapitel – auch der Religionen! Doch gibt es immer wieder Menschen in allen Ländern, Religionen und Kulturen, die die Botschaft vom Frieden im Namen Gottes, im Auftrag Jesu wach halten und sich dafür einsetzen. Kein Weltfriede ohne Religionsfriede – so die wichtige und brandaktuelle These von Hans Küng. Shalom – so heißt das in der jüdisch-christlichen Tradition. Salam – in der des Islam, der sich bekanntlich als »Religion des Friedens« versteht. Ob wir das endlich begreifen? Ob das eines Tages doch fassbare, erfahrbare Wirklichkeit wird? Tatsächlich eine mehr als berechtigte Weihnachtsbitte: »O Kind! mein Wunsch gelinge!«

Wie viel wir Gott wert sind

Wie viel ist der Mensch wert? In einer Zeit, in der alles nach Kosten und Nutzen »be-wertet« wird, keine einfallslose oder gar unsinnige Frage. Am geringsten taxiert der Chemiker den Wert des Menschen. Er berechnet ihn nach dem Gehalt an Zellulose, Eiweiß und Kalk mit etwa 30 Mark. Amerikanische Versicherungsgesellschaften halten da den Wert des Menschen für höher. Ein neugeborenes Kind ist etwa 40000 Mark, ein Zehnjähriger 50000 Mark wert. Der Wert steigt also mit dem Alter. Hinzu kommen die Kosten der Berufsausbildung und des Einkommens. Frauen sind – wie so oft – nur halb so viel wert wie Männer, weil sie in der Regel früher aus dem Berufsleben ausscheiden. Im KZ Auschwitz war der Mensch genau 1629 (!) Reichsmark wert. Das wurde folgendermaßen berechnet: Täglicher Verleihlohn 6 Mark abzüglich 60 Pfennige für Ernährung und 10 Pfennige für Abnützung der Kleider. Durchschnittliche Lebensdauer neun Monate – macht 1431 Mark. Dazu der »Erlös« aus rationeller Verwertung der Leiche – Zahngold, Haut, Wertsachen, Kleidung – rund 200 Mark, abzüglich 2 Mark Verbrennungskosten, macht genau 1629 Mark. Diese Rechnung ist dokumentarisch belegt. Auch Militärwissenschaftler machen sich Gedanken über den Wert des Menschen. Und zwar wird er errechnet aus den Kosten des Krieges, geteilt durch die Zahl der Gefallenen. Bei Cäsars Feldzug in Gallien kostete der Tod eines Menschen umgerechnet 3 Mark, bei Napoleon stieg der Wert eines Toten schon auf 10000 Mark, im Ersten Weltkrieg auf 85000, im Zweiten Weltkrieg auf 200000 Mark. Diese »Berechnungen« sind freilich nicht auf dem neuesten Stand, »Kosten« und »Preise« werden inzwischen in der Welt erheblich gestiegen sein. Wenn sich die Menschheit eines Tages nicht doch selbst ausrottet ...

1.

Uns schaudert, wenn wir das lesen oder hören. Ist so etwas wirklich möglich? Und sofort gibt es Einwände: »So kann man doch den Wert eines Menschen nicht bemessen!« Dem möchte ich entgegnen: »Wo in aller Welt sind Wert und Würde des Menschen so unantastbar und geschützt, dass es nie zu solchen unmenschlichen Rechnungen kommen könnte?« Und im gleichen Atemzug kommt der nächste Einspruch: »Verschont uns doch wenigstens an Weihnachten mit Anklagen und Gejammer über die böse Welt!« Dem möchte ich erwidern: »Dürfen wir an Weihnachten aus der Wirklichkeit der Welt in ein Traumreich flüchten, um allein unsere seligen Gefühle und Erinnerungen zu hegen und zu pflegen?« Nein, ich meine, wir würden uns selbst belügen und betrügen, wollten wir an Weihnachten die Welt, wie wir sie Tag für Tag erfahren, »Welt sein lassen« und in die selbstgemachte Idylle ausweichen – wenn auch nur für Stunden. Dazu ist die Botschaft von Weihnachten zu kostbar und die Wirklichkeit von Weihnachten zu eindeutig und zu tiefgreifend. Wollen wir etwas von Weihnachten verstehen und festhalten, dann müssen wir uns auch unverstellt dem Anspruch von Weihnachten stellen. Also halten wir die eingangs gestellte Frage aus: Wieviel ist der Mensch wert? Und wenn wir ganz ehrlich zu uns selber sind: Mögen wir eigentlich die Menschen? Machen sie uns nicht viel mehr Verdruss, als dass wir Zuneigung für sie empfänden? Tauchen da nicht immer neue Beschwerden, Enttäuschungen, Bitterkeiten über sie tagtäglich bei uns auf? Ist nicht der alltägliche Umgang, ein halbwegs »gedeihliches« Auskommen mit ihnen eine ständige Herausforderung und endlose Mühe? In der Familie, in der Schule, in der Nachbarschaft, im Beruf?

2.

Schauen wir auf unsere Gesellschaft – könnte man da nicht sehr oft zum Zyniker, ja zum Menschenfeind werden? Diese Ellbogengesellschaft, für die nur das »wert-voll« ist, was Spaß macht und Vergnügen bringt, den Kommerz und Konsum steigert, den Profit und das Prestige noch mehr aufpoliert? Deren Sorge oft nur darin besteht, ob an Weihnachten mit neuen technischen Raffinessen zu rechnen ist oder Schnee über die Feiertage fällt? Und in schrecklichem Kontrast dazu eine Handvoll Terroristen, die gegen Geldmacht und Gewinnsucht ihre eigenen »Werte« setzen und mit blutigem Terror und Gewalt die Welt in Atem halten. Zugleich aber auch die schmerzliche Erfahrung, wie der Glaube immer mehr und lautloser verdunstet und Werte verschwinden, weil Bäuche und Kühlschränke immer voller – und Hirne und Herzen immer leerer werden. So stellt sich gerade auch für die, die sich um ihren Glauben und ein Leben aus dem Glauben mühen, stets neu die Frage: Was ist das für eine Welt, was sind das für Menschen, die Gott erschaffen hat? Lohnt sich für sie wirklich Sorge und Einsatz? Ja: Was ist da Gott eingefallen, *Mensch* zu werden? Fragen über Fragen. Und die Antwort – unverkürzt und unverbrämt: Gott ist sich für uns und diese Welt nicht zu schade. Wir sind ihm *unendlich* viel wert. So viel wert, dass er seinen eingeborenen Sohn für uns und diese Welt hingab – restlos und ausnahmslos. Er hat nicht von fern zugeschaut und dann zugeschlagen, sondern ist zu uns gekommen. Nicht als »ewige Idee«, nicht als »höchstes Sein«, nicht als »leuchtendes Ideal«, sondern als *Mensch*! Und unseren aufgeblasenen Reden hält er sein lebendiges Wort entgegen, unserer Habsucht die Armut eines kleinen Kindes, unserer Selbstherrlichkeit die Dürftigkeit einer schäbigen Krippe. Mit einem Wort: Unserem »über-menschlichen« Schein setzt er sein »tiefmenschliches« Sein entgegen – mit allem Ernst, in der Eigenart und Verantwortung eines menschlichen Lebens. Das und nichts anderes ist die Botschaft von Weihnachten. Weil gültig ist und bleibt: Gott liebt uns nicht, weil wir wertvoll sind, sondern wir sind wertvoll, weil Gott uns liebt. Oder mit den Worten Dietrich Bonhoeffers: „Ihr seid angenommen, Gott hat euch nicht verachtet, sondern er trägt leibhaftig euer aller Fleisch und Blut. Seht auf die Krippe! In dem Leib des Kindleins, in dem fleischgewordenen Sohn Gottes ist euer Fleisch, ist all eure Not, Angst, Anfechtung, ja alle eure Sünde getragen, vergeben, geheiligt. Klagst du: Meine Natur, mein ganzes Wesen ist heillos, so antwortet die Weihnachtsbotschaft: Deine Natur, dein ganzes Wesen ist angenommen, Jesus trägt es. So ist er dein Heiland geworden«.

3.

Eine solche frohe Botschaft, eine solche befreiende Zusage ist alles andere als leeres Gerede oder »billiger« Trost. Sie ist für uns erfüllende Wirklichkeit und wirkliche Erfüllung geworden in Jesus Christus. In ihm ist Gott Mensch geworden, damit wir mehr Menschen werden. Er hat sich nichts erspart. Er hat nichts für sich ausgespart. Alles hat er angenommen und auf sich genommen: Freude und Leid, Einsamkeit und Gemeinschaft, Armut und Feier, am Ende gar Verfolgung und Vernichtung. Um uns so zu zeigen, wie ernst es ihm ist und wie ernst er uns nimmt. Aber auch, um uns beispielhaft vorzuleben: Nur der hat auch Anteil an seiner Menschwerdung, der selber »Mensch wird für andere«. Wer nur um sich selber kreist, nur »seine« und nicht »der anderen« Ehre sucht und nicht liebt, »geht in der Finsternis und weiß nicht, wohin er geht; denn die Finsternis hat seine Augen blind gemacht« (1 Joh 1,11). Wer an Weihnachten nur sich feiert, seine Kindheitsträume und Kindheitsgefühle, geht morgen leer, unverändert und unerfüllt in seinen Alltag zurück. Es ist alles beim Alten geblieben. Wer aber neu von Staunen ergriffen ist und begriffen hat, wie viel wir Gott wert sind und wie groß seine Liebe zu uns ist, der kann beim Wunder der Menschwerdung Gottes nicht mehr ruhig und unbeteiligt bleiben, sondern muss aufbrechen und sich aufmachen zu seinen Brüdern und Schwestern – den selbstherrlichen wie den geängstigten, den traurigen wie verzweifelten, den liebenswerten wie den unsympathischen – und ihnen helfen, freier, froher, menschlicher zu werden. Und wer Gott im Antlitz des Jesuskindes angeschaut hat, der wird sein Antlitz immer neu und in millionenfacher Weise erkennen – in den Kleinen und Alten, in den Behinderten und Gequälten, in den Terroristen und ihren Opfern, auch in denen, die sich als Übermenschen gebärden und als Unmenschen entlarven. Niemand ist seitdem ausgespart, niemand ausgesperrt. Wenn wir das begriffen haben, mehr noch: wenn wir das aus dankbarem, übervollem Herzen tat-sächlich umgesetzt haben, dann ist Gottes Wort wirklich »Fleisch geworden« – in uns, für uns, für alle – zum Heil der Welt.

Marias Weihnachtswunder

Maria

Die Nacht ihrer ersten Geburt war
Kalt gewesen. In späteren Jahren aber
Vergaß sie gänzlich
Den Frost in den Kummerbalken und rauchenden Ofen
Und das Würgen der Nachgeburt gegen Morgen zu.
Aber vor allem vergaß sie die bittere Scham
Nicht allein zu sein
Die dem Armen eigen ist.
Hauptsächlich deshalb
Ward es in späteren Jahren zum Fest, bei dem
Alles dabei war.
Das rohe Geschwätz der Hirten verstummte.
Später wurden aus ihnen Könige in der Geschichte.
Der Wind, der sehr kalt war
Wurde zum Engelsgesang.
Ja, von dem Loch im Dach, das den Frost einließ, blieb nur
Der Stern, der hineinsah.
Alles dies
Kam vom Gesicht ihres Sohnes, der leicht war
Gesang liebte
Arme zu sich lud
Und die Gewohnheit hatte, unter Königen zu leben
Und einen Stern über sich zu sehen zur Nachtzeit.

(Bert Brecht)

Bertolt Brecht ist immer für eine Überraschung gut. Kaum zu glauben: Ein erklärter Atheist und Kommunist schreibt ein Gedicht über Maria. Bekanntlich hat er später einmal auf die Frage nach seiner Lieblingslektüre geantwortet: »Sie werden lachen – die Bibel!« Das wiederum hinderte ihn nicht, gotteslästerliche »Psalmen« und höhnische »Dankchoräle« zu schreiben. Aus einer wohlhabenden bürgerlichen Familie stammend – katholischer Vater, evangelische Mutter – war er protestantisch erzogen und dementsprechend mit protestantischem Liedgut und vor allem der Lutherbibel vertraut. Sie hat zweifellos auf seine Sprache eingewirkt und ihn nachhaltig geprägt. Auch wenn unser Gedicht aus seiner Frühzeit (1924) stammt, sich später kaum noch Gedichte dieser Art aus seiner Feder finden lassen, bleibt es doch erstaunlich, was ihn wohl zu diesem Gedicht bewogen haben mag.

1.

Natürlich dürfen wir kein Mariengedicht oder Marienlied der üblichen Art erwarten. Vom frühen Mittelalter bis in die Romantik hinein gibt es eindrucksvolle, bewegende Zeugnisse, die das Lob auf Maria singen, sie in höchsten Tönen preisen und in schönsten Farben schildern. Das wird uns Brecht nicht bieten können und wollen. Aber mir scheint, dass in diesem Gedicht doch eine anrührende Saite zum Klingen gebracht wird, die in der uns bekannten Marienlyrik so nicht zu vernehmen ist. »Maria« – so lautet ganz einfach die Überschrift. Der Name kommt im ganzen Gedicht nicht mehr vor, sondern wird durch die Pronomina »sie« und »ihrer« bzw. »ihres« ersetzt. Es zeigt, dass Brecht keineswegs an Maria als der »gnadenvollen Jungfrau« oder der seligen Gottesmutter, der lieblichen Madonna oder hehren Himmelskönigin interessiert ist, wie sie in der katholischen und orthodoxen Kirche verehrt wird. Auch geht es ihm nicht darum, alles wunderbare und geheimnisvolle Geschehen um die Geburt Jesu herum – Engel, Hirten, Stern, Könige – scharfzüngig zu »entzaubern«, seines »Wundercharakters« zu berauben und »rationalistisch« aufzulösen, was er freilich auch tat. Vielmehr jedoch bewegt und beschäftigt ihn die Tatsache, wie diese gewöhnliche Geburt, noch dazu unter widrigen und entwürdigenden Umständen, im Nachhinein zu einer solchen »strahlenden« Bedeutung und weltweiten Wirkung auswachsen konnte. Über Jahrtausende hinweg bis heute. Ja, dass sogar die dabei am meisten mitbeteiligte Mutter davon schon »verzaubert« war.

2.

Weiter ausgeführt heißt das: Wie war es möglich, dass Maria »in späteren Jahren« gänzlich »den Frost in den Kummerbalken und rauchenden Ofen / Und das Würgen der Nachgeburt gegen Morgen zu« vergessen konnte? Dass auch »die bittere Scham / Nicht allein zu sein / Die dem Armen eigen ist« so völlig aus ihrem Gedächtnis verschwand? Wie konnte der verständliche Wunsch nach Intimität, den auch die Armen haben und der ihnen aus mangelndem Feingefühl und Respekt von ihrer Umgebung verweigert wird, so umgebogen werden, dass die empfundene Peinlichkeit sogar »in späteren Jahren zum Fest« wird, »bei dem / Alles dabei war«? Wie lässt es sich erklären, dass die grobschlächtigen Hirten sich später in Könige verwandelten? Dass der heulende Wind, »der sehr kalt war«, in »Engelsgesang« umschlug und das »Loch in dem Dach, das den Frost einließ« auf einmal zum hereinleuchtenden Stern umgedeutet wurde? Abgesehen davon, dass Brecht hier in »künstlerischer Freiheit« biblische Szenen und Personen durcheinander bringt und sie nach eigenem Geschmack verändert, so bleibt doch für ihn und für uns die Frage bestehen, wie dieser gewöhnliche Vorgang einer Geburt zu einem außergewöhnlichen Ereignis, sagen wir: zum »Wunder der Weihnacht« werden konnte. Worin liegt da der tiefste Grund?

Brecht bleibt uns die Antwort nicht schuldig. Sie lautet: »Alles dies / Kam vom Gesicht ihres Sohnes, der leicht war / Gesang liebte / Arme zu sich lud / Und / Die Gewohnheit hatte, unter Königen zu leben / Und einen Stern über sich zu sehen zur Nachtzeit!«

Ich finde dies eine ganz erstaunliche und höchst einfallsreiche Antwort. Überaus nachdenkenswert. Warum?

3.

»Leicht« war dieses neugeborene Kind. Ein »Wunder-Kind« auf seine Art! »Leicht«, weil es »Er-leichterung« brachte. Weil in seiner Gegenwart alles Schwere, Belastende, Bedrückende »er-hoben«, »aufge-hoben« erscheint. Weil alles Wichtige und Gewichtige sich

»leichthin« löst, verflüchtigt. Wo sogar das rohe Geschwätz der Hirten verstummt, das nur Ausdruck ihres be-schwerlichen Alltags ist. Jetzt kann Leben »gelingen«, weil es »leicht(er) vonstatten geht«. Nicht umsonst gehören »gelingen« und »leicht« als Wortsippe zusammen. Weiter heißt es, dass dieses Kind später »Gesang liebte« – also ein feinfühliger Ästhet und kein oberflächlicher, umtriebiger Macher oder nach Nutzen und Gewinn schielender Zeitgenosse war. Der »Arme zu sich lud« – sein Kennzeichen, Markenzeichen, das sein ganzes Leben, Denken und Handeln von Anfang an bestimmte. Nach seinen eigenen Worten: »Der Geist des Herrn ruht auf mir … Er hat mich gesandt, damit ich den Armen eine frohe Botschaft bringe, den Gefangenen die Entlassung verkünde und den Blinden das Augenlicht, die Zerschlagenen in Freiheit setze und ein Gnadenjahr des Herrn ausrufe« (Lk 4,18–19). Der »die Gewohnheit hatte, unter Königen zu leben« – also einer, der den Armen in ihrem »würde-losen«, menschenunwürdigen Zustand »königliche Würde« gab, indem er sich ihnen ganz und gar zuwandte und sie selig sprach (Mt 5,3; Lk 6,20). Spontan fällt mir dazu das Wort eines »Apostels der Nächstenliebe« ein, Vinzenz von Paul (1581–1660), der – ganz im Geiste Jesu – einmal sagte: »Die Armen sind unsere Herren, sie sind unsere Könige. Man muss ihnen gehorchen. Es ist keine Übertreibung, sie so zu bezeichnen; denn in den Armen ist unser Herr gegenwärtig«. Jesus – ein »König unter Königen«. Wenn auch nach seinem eigenen Bekunden »nicht von dieser Welt« (Joh 18,36).
Und schließlich: Einen Stern über sich zu sehen zur Nachtzeit«. Ein treffendes, schönes Bild, das Brecht hier einführt. Zudem von großer symbolischer Bedeutung – gerade in der Bibel. Als Wegweiser. Als Orientierungpunkt. Als Zeichen tröstlicher Verheißung. Als »aufstrahlende« Hoffnung auf Erlösung. Und dies auf zweierlei Art: als Erlösung von Beschwerden und Beschwernis, von Not und Tod. Und zugleich Erlösung zur »Leichtigkeit des Seins« und Freiheit, zu Leben und Liebe. Unverzichtbar für die Zukunft der Menschheit!

Geburt Christi
Krypta der Kathedrale von Chartres (13. Jh.)

4.

Bleibt uns aber doch noch die Frage: Warum macht Brecht Maria zum Gegenstand seiner Überlegungen – und nicht Jesus selbst? Aus dem einfachen Grund: Weil sich in Maria als erster beispielhaft ein »anderes« Bewusstsein, eine große »Wandlung« von unten nach oben, vom Niedrigen und Widrigen zum Stern der Nachtzeit vollzieht. Indem sie das »Gesicht ihres Sohnes, der leicht war«, anblickt, gewinnt sie eine »andere Sicht« dieser notvollen Welt, erblickt sie in einem neuen Licht. Und aus dieser »Sicht« gewinnt sie mit den Armen und Ausgegrenzten, den Gedemütigten und Beschämten die Kraft, überhaupt den erbarmungswürdigen Zustand der Welt zu verändern, zu verwandeln. Damit kommt Brecht, wenn ich ihn recht verstehe, dem erstaunlich nahe, was – nach Lukas – Maria selbst erkennt und im berühmten »Magnifikat« so zum Ausdruck bringt: »Meine Seele preist die Größe des Herrn, und mein Geist jubelt über Gott, meinen Retter. Denn auf die Niedrigkeit seiner Magd hat er geschaut ... Er vollbringt mit seinem Arm machtvolle Taten: Er zerstreut, die im Herzen voll Hochmut sind; er stürzt die Mächtigen vom Thron und erhöht die Niedrigen. Die Hungernden beschenkt er mit seinen Gaben und lässt die Reichen leer ausgehen ...« (Lk 1,46–55). Ein ungewöhnliches, ungeheures Lied. Das »Revolutionslied« Marias! Weil es die »entwürdigenden«, erbarmungslos durchgedrückten Gesetze und Ordnungen der Menschen auf den Kopf stellt, umstürzen sieht. Weil Gottes Wille und Ordnung es vorsehen, dass alle Menschen – die satten wie die hungernden, die lachenden wie die weinenden, die hohen wie die niedrigen – zu füreinander verantwortlichen Brüdern und Schwestern werden. Darum zerstreut er die Hochmütigen, damit sie sich den Gedemütigten zuwenden. Darum stürzt er die Mächtigen von ihren angemaßten Thronen, damit sie sich der Ohnmächtigen erbarmen. Darum lässt er die Reichen leer ausgehen, damit sie sich der Armen und Hungernden hilfreich annehmen. Alles in allem: Die Überwindung, die Verwandlung einer un-menschlichen Welt, die von Geld und Gewalt, von Selbstsucht und Rachsucht beherrscht ist. Und zwar durch den, der Gewalt durch Gewaltlosigkeit, Macht durch Ohnmacht, Hass durch Liebe besiegt hat. Der »leicht« und dessen Leben »licht« war. Die Sicht, der Traum, die Vision einer paradiesischen Welt!

5.

Das »Gesicht des Sohnes«, das auf einmal die »Sicht« auf eine andere, neue Welt in Gemeinschaft und Geschwisterlichkeit erweckt, bewirkt und bedeutet das eigentliche »Weihnachtswunder«. Da bedarf es keiner klassenkämpferischen Töne und keines gesellschaftsverändernden Geschreis mehr. Das kommt auch in Brechts nüchterner, ungekünstelter, unpathetischer Sprache klar zum Ausdruck. Und nicht ein Hauch von Ironie oder gar Polemik ist herauszuhören. Dafür ein verhaltener, anrührender Ton. Ja, ich meine: beinahe ungläubiges, unfassbares Staunen, das hier den jungen Brecht mit der jungen Mutter des neugeborenen Kindes verbindet, dessen verwandelnde Kraft so stark auf seine armselige und niedrige Umgebung ausstrahlt. Ein bewegendes, beeindruckendes Gedicht. Schade nur, dass sich Brecht in seinem Leben letzten Endes diesem »Weihnachtswunder« nicht anschließen mochte.

Von unaussprechlichem Licht und Glanz

Geburt Christi
aus der »Sachsenchronik« (1492)

»Als sie in Bethlehem waren, kam für Maria die Zeit ihrer Niederkunft, und sie gebar ihren Sohn, den Erstgeborenen. Sie wickelte ihn in Windeln und legte ihn in eine Krippe, weil in der Herberge kein Platz für sie war« (Lk 2,6–7). Es berührt und erstaunt einen immer wieder, wie dieser karge und nüchterne Text des Lukasevangeliums über Christi Geburt im Laufe von 2000 Jahren so bunt und reich entfaltet und ausgestaltet wurde – in Glaube und Verkündigung, in Wort und Bild, in Musik und Spiel. Auf jede Weise und in aller Welt. Dahinter steckt wohl der immer neue Versuch, der verständliche Wunsch, dem unbegreiflichen, undurchdringlichen Geheimnis der Menschwerdung Gottes auf die Spur zu kommen. Sich irgendwie ihm noch inniger, noch tiefer anzunähern.
Auch unser schlichter, bescheidener Holzschnitt aus der »Sachsenchronik« des Peter Schöffer von 1492 möchte eine Kostprobe davon geben. Gewiss kein künstlerisch überragendes oder durch technische Meisterschaft auffallendes Kunstwerk, verglichen mit anderen Weihnachtsdarstellungen davor und danach. Auch in Ausdruck und Aussage gibt es sicher eindrucksvollere und bedeutendere Beispiele. Aber an diesem Holzschnitt kann man doch sehr schön bestimmte Dinge und Einzelheiten studieren, die theologisch oder symbolisch zu verstehen sind und sich auf anderen Bildern ebenso wiederfinden. Wir nehmen das einfach selbstverständlich hin, ohne nach Sinn und Bedeutung der Zeichen und Motive zu fragen. Denn so viel ist klar: Kein Künstler wollte ein vordergründiges »Historiengemälde« liefern, sondern ein »Glaubensbild« schaffen – zur »gläubigen« Betrachtung!

1.

Wie auf einer Bühne mit nach hinten ansteigender Fläche, eingeschlossen von den Backsteinwänden einer Ruine, spielt sich das heilige Geschehen ab. Zwei Rundbogenfenster im Hintergrund, eines im Vordergrund, das auf einer Säule ruht, dazu ein zur Hälfte abgebrochener Türbogen lassen auf ein einst großes und herrschaftliches Haus schließen, das mit den Jahren zu einem gewöhnlichen Stall, zu einer Tierunterkunft geworden ist. Ein notdürftig mit Stroh gedecktes Dach wurde angebracht, das den Blick auf

zwei Balken freigibt, die an ein Kreuz(!) erinnern. Diese Ruine nimmt mehr als die Hälfte des Bildes ein, der Rest zeigt eine nur knapp angedeutete Landschaft mit Hügeln, Wiesen und einem gekrümmten Weg (vielleicht einem Bach oder kleinen Fluss?).
Und besonders auffällig: ein dürrer, kahler Baum mit weitausladenden Ästen. Schon das alles scheint mir bemerkenswert. Von einem Stall oder einer Hausruine ist ja im Evangelientext gar nicht die Rede. Sie sollen jedoch an einen wichtigen Text des Propheten Amos erinnern, ihn »ver-deutlichen«, der vom künftigen messianischen Heil so spricht: »An jenem Tag richte ich die zerfallene Hütte Davids wieder auf und bessere ihre Risse aus, ich richte ihre Trümmer auf und stelle alles wieder her wie in den Tagen der Vorzeit« (Am 9,11). Diese Verheißung Gottes sehen alle Zeugen des Neuen Testamentes in Jesus erfüllt, dessen Geburt der Engel – nach Lukas – der Jungfrau Maria bereits so ankündigt: »Er wird groß sein und Sohn des Höchsten genannt werden. Gott, der Herr, wird ihm den Thron seines Vaters David geben« (Lk 1,32). Der dürre und wie verloren in der Landschaft stehende Baum könnte ebenfalls auf eine wichtige biblische Stelle hinweisen, die vom messianischen Reich und Heil spricht. Bei Jesaja heißt es: »Doch aus dem Baumstumpf Isais wächst ein Reis hervor, ein junger Trieb aus seinen Wurzeln bringt Frucht. Der Geist des Herrn lässt sich nieder auf ihm: der Geist der Weisheit und der Einsicht, der Geist des Rates und der Stärke, der Geist der Erkenntnis und der Gottesfurcht« (Jes 11,1–2). Und an anderer Stelle: »An jenem Tage wird es der Spross aus der Wurzel Isais sein, der dasteht als Zeichen der Nationen; die Völker suchen ihn auf; sein Wohnsitz ist prächtig« (Jes 11,10). Wir sehen also: Bilder mit einem tiefen biblischen Symbolwert. Im Übrigen zeigt die vereinfachte »heimische« Landschaft an, dass die Menschwerdung Gottes nicht an einen ganz bestimmten historischen Ort oder ein festgelegtes Datum gebunden ist, sondern von »universaler« Bedeutung ist und immer und überall unter uns – in uns! – geschehen kann und geschieht.

2.

Ganz nah im Vordergrund kniet ganz aufrecht in reich gefälteltem Kleid und Mantel, mit lang herabfallenden Haaren, die Augen auf's Kind gerichtet, leise lächelnd, die Hände andächtig gefaltet Maria, die jungfräuliche Mutter. Um das Haupt trägt sie einen Heiligenschein, der Blütenblättern gleicht. Vor ihr, auf dem breiten Zipfelende ihres Mantels und auf dem nackten Boden – also nicht in der Krippe! – liegt das nackte, eben geborene Jesuskind, die Augen sehnsüchtig auf die Mutter gerichtet, das rechte Händchen segnend erhoben, das linke schützend auf die Brust gelegt. Um das Lockenköpfchen hat es einen Heiligenschein, in dem das Kreuz erscheint. Hinweis auf seinen Kreuzestod und unsere Erlösung! Auffällig schließlich die Strahlen, die stachelartig von dem Kind ausgehen: »Ein Licht, das die Heiden erleuchtet, und Herrlichkeit für dein Volk Israel« (Lk 2,32). So wird vor unseren Augen sichtbar, was wir im Glauben bekennen: »Er hat Fleisch angenommen durch den Heiligen Geist von der Jungfrau Maria und ist Mensch geworden«. Oder mit den Worten des Künstlers, wie ein Programm über das wunderbare Geschehen gestellt: »Hyr wart Jhesus Cristus unser salich macker geboren von Maria by keyser Augustus getide(n)« – »Hier wurde Jesus Christus, unser Seligmacher, geboren von Maria zu Zeiten des Kaisers Augustus«.

Als sei er gerade dazugekommen, klein und wie zusammengekauert, kniet links vom Kind der Nährvater Joseph, mit struppigem Haar und Bart, gehüllt in einen weiten Mantel mit Kapuze, den er mit der linken Hand wie einen Schutzmantel über das nackte, frierende Kind schlägt, im rechten Arm einen Krückstock und in der Hand eine kleine brennende Kerze haltend, liebevoll auf das neugeborene Kind blickend. Dass er immer wieder als Greis dargestellt wurde, was nie in den Evangelien behauptet wurde, »verdankt« er dem apokryphen Jakobusevangelium, das ihn als Witwer mit Söhnen und Töchtern schildert, die späteren »Brüder und Schwestern« Jesu in den Evangelien. Aber dahinter verbirgt sich auch noch eine andere »theologische« Absicht: So sollte nicht zuletzt die immerwährende Jungfräulichkeit Mariens gewährleistet werden. Nun bleiben auf unserer Darstellung nur noch die unerlässlichen Krippentiere Ochs und Esel, die bekanntlich an das Jesajawort erinnern sollen: »Der Ochse kennt seinen Besitzer und der Esel die Krippe seines Herrn; Israel aber hat keine Erkenntnis, mein Volk hat keine Einsicht« (Jes 1,3). Wobei in späterer Deutung der Ochse für das Judentum, der Esel für das Heidentum stand. Vereint bei Jesus!

3.

So gut und richtig die Deutungen dieses Weihnachtsbildes auch sein mögen – zum besseren Verständnis dieser Darstellungen und zahllos anderer, gleicher und ähnlicher Darstellungen trägt ein im Mittelalter hochgeschätztes und weit verbreitetes Erbauungsbuch bei, die »Visionen« (Offenbarungen) der heiligen Birgitta von Schweden (1303–1373), die sie auf einer Pilgerreise ins Heilige Land empfangen und später niedergeschrieben hat. Im 21. Kapitel schildert sie Folgendes: »Als ich an der Krippe des Herrn zu Bethlehem war, sah ich eine Jungfrau; sie war gesegneten Leibes, mit einem weißen Mantel und einem feinen Rock bekleidet, durch den ich hindurch ihr jungfräuliches Fleisch deutlich sah. Ihr Leib war voll und stark, denn sie war im Begriffe, niederzukommen. Bei ihr befand sich ein gar ehrbarer Greis und beide hatten einen Ochsen und einen Esel bei sich. Als sie in die Höhle eingetreten waren, band der Greis Ochs und Esel an die Krippe, ging hinaus und brachte der Jungfrau eine angezündete Kerze, befestigte sie an der Wand und ging wieder hinaus, um nicht persönlich bei der Niederkunft gegenwärtig zu sein. Nun zog die Jungfrau die Schuhe von ihren Füßen, tat den weißen Mantel ab, entfernte den Schleier von ihrem Haupte, legte diese Gegenstände neben sich nieder und blieb nur im Unterkleid; ihre überaus schönen, wie goldenen Haare hingen ausgebreitet über ihre Schultern hinab ... Nachdem alles vorbereitet war, beugte die Jungfrau mit großer Ehrfurcht die Knie und begab sich ins Gebet ... Mit emporgehobenen Händen, mit auf den Himmel gerichteten Augen war sie in Betrachtung verzückt und trunken von göttlicher Süßigkeit. Als sie nun so im Gebet war, sah ich das in ihrem Schoß ruhende Kind sich bewegen, in einem Nu hatte sie ihren Sohn geboren, von dem ein so großes, unaussprechliches Licht und Glanz ausging, dass die Sonne damit keinen Vergleich aushielt ... Ich sah das glorreiche Kind nackt und ganz leuchtend am Boden liegen ... Sobald die Jungfrau bemerkte, dass sie geboren hatte, beugte sie sogleich das Haupt, legte die Hände zusammen, betete mit großer Ehrbarkeit und voll Ehrfurcht den Knaben an, ... da trat der Greis herein, warf sich auf die Erde nieder, beugte seine Knie, betete das Kind an und weinte vor Freuden«.

4.

Dieser Text spricht für sich. Bedarf es jetzt noch der Worte und Deutungen mehr? Wir sehen und verstehen jetzt besser, was hinter den verschiedenen Einzelheiten und merkwürdigen Bildern sich verbirgt. Vor allem sind sie nicht allein der Phantasie und Erfindungsgabe bestimmter Künstler entsprungen, sondern halten sich ziemlich genau an diese »visionären« Angaben und Aufzeichnungen der heiligen Birgitta von Schweden, deren Verehrung auf dem Konstanzer Konzil (1414–1418) bestätigt wurde und dadurch breiten Einfluss gewann. So hat ihre »mystische Schau« viele bedeutende (und weniger bedeutende) Künstler beeinflusst und ihre »Bild- und Glaubenswelt« – gewiss mit mancherlei Abstufungen und Abwandlungen – inspiriert. Auch unser Künstler hat – bewusst oder unbewusst – noch davon gezehrt. Seine undramatische, stille Weihnachtsdarstellung will uns vor Augen führen, wie wir die Menschwerdung Gottes am tiefsten und glaubwürdigsten aufnehmen, annehmen sollten: nicht herumrätseln und herumdeuten, nicht neugierig ausforschen und kunterbunt ausmalen, sondern sich vor dem armen, nackten Kind wie Maria und Joseph niederknien und anbeten.

NEUJAHR

Glück und Segen

Hals- und Beinbruch! Zu gern wüsste ich, was sich die Menschen dabei denken, wenn sie sich diesen Wunsch zurufen. Es soll ja – hoffentlich – ein »guter«, »aufrichtiger« Wunsch sein. Genau genommen klingt das aber gar nicht gut. Im Gegenteil: schlimm. Zum Fürchten. Wer freut sich schon, wenn er ein Bein gebrochen hat und wochenlang an Krücken gehen muss? Und wer weiß nicht, dass ein Halsbruch immer tödlich endet? Was also soll an diesem Wunsch gut sein? Richtig. Doch jetzt muss man wissen: Dieser Wunsch hat weder mit »Hals« noch mit »Bein« zu tun, sondern kommt vom hebräischen »hazlacha we beracha« (im Jiddischen zu »hazlocho we brocho« geworden) und heißt nichts anderes als »Glück und Segen«! Jetzt hat dieser Wunsch seinen Sinn. Im Deutschen wurde dies dann unwissend zu »Hals- und Beinbruch« verballhornt.
Wie auch immer – eines wird auch hier deutlich: Menschen ersehnen und wünschen für sich und andere immer wieder Glück. Wobei mitunter weit auseinander geht, was die Einzelnen unter »Glück« verstehen. So viel Köpfe, so viel Sinn. Jede(r) hat wohl ganz eigene, höchst persönliche Vorstellungen und Meinungen vom Glück. Darum ist es nicht leicht, »allgemeingültig« über das Glück zu schreiben. Ganz ähnlich wie über die »Zeit«. Alle wissen darum, erfahren sie, leiden darunter oder genießen sie. Und doch lassen sich Glück und Zeit nicht endgültig und letztgültig beschreiben. Und da hilft auch nicht der flaue, nicht sonderlich beglückende Satz eines Immanuel Kant weiter: »Wir sind nicht auf der Welt, um glücklich zu werden, sondern um unsere Pflicht (nach Bismarck: unsere Schuldigkeit!) zu erfüllen.« Damit ist noch lange nicht die »unheilbare« Sehnsucht der Menschen nach Glück erklärt oder gar erledigt.

1.

Einer, der über »Größe und Elend des Menschen« wie kaum jemand nachgedacht hat, der berühmte Blaise Pascal (1623–1662), schreibt einmal in seinen »Pensées« (Gedanken über die Religion):

»Alle Menschen ohne Ausnahme streben danach, glücklich zu sein, wie verschieden die Wege auch sind, die sie einschlagen; alle haben dieses Ziel ... Zu keiner Handlung ist der Wille zu bewegen, jede zielt auf das Glück. Es ist der Beweggrund aller Handlungen aller Menschen, selbst der, die im Begriffe stehen, sich zu erhängen« (fr 425).

Und an anderer Stelle: »Trotz seines Elends will der Mensch glücklich sein und nichts als glücklich sein, und er ist nicht fähig, zu wollen, dass er es nicht sei; wie aber könnte er es sein? Er müsste, um es wirklich zu sein, sich unsterblich machen; da er aber dies nicht vermag, verfiel er darauf, nicht daran zu denken« (fr 169).

Da ist im Grunde alles gesagt. Alle Menschen wollen glücklich sein. Ausgefüllt. Erfüllt. Ihr Leben soll gelingen, lebenswert, liebenswert sein. Rundum. Zuerst für sie selber. Dann auch für die anderen. Sinnvoll. Reizvoll. Und trotz der »Ahnung«, dem »Gespür« von Glück, die in jedem Menschen schlummern, werden die Wege zum Glück in oft äußerst verschiedenen und gegensätzlichen Weisen ausgesucht und beschritten. Für die einen besteht ihr Glück im Besitz, Komfort, Genuss, Konsum, Erfolg, Ansehen, Karriere. Für die anderen erfüllt es sich in einem interessanten Beruf oder einer fesselnden Tätigkeit, in technischen oder wissenschaftlichen Leistungen, im schöpferischen Bereich von Kunst, Musik oder Literatur, in sportlicher Betätigung, politischem Einfluss, sozialer Kompetenz und und und ... Glück kann sich aber auch einstellen, wenn es den ganz persönlichen Bereich durchdringt: eine gesunde, frohe Familie, tiefe Freundschaft oder Partnerschaft, Freude und Einsatz im Dienst an den Mitmenschen – Kindern, Behinderten, sozial Schwachen und Arbeitslosen, Kranken und Ausgegrenzten. Aber auch der Einsatz für »ideelle Werte« – Frieden, Freiheit, Gerechtigkeit, Bewahrung der

Schöpfung, Verbesserung der Bildung und Ausbildung, der Kranken- und Altersversorgung, der Lebenschancen insgesamt – kann Glück bewirken und schenken.

2.

Das macht uns jetzt schon zweierlei deutlich: Wir sind nicht, eigentlich nie mit dem zufrieden, was wir sind, haben und vorfinden. Wir suchen unentwegt nach Wegen und Möglichkeiten, die besser, größer, umfassender, erfüllender sind als die Dinge, die uns vorgegeben oder mitgegeben sind. »Glück« – und damit der ersehnte Sinn unseres Lebens – kommt uns immer von dem, was unsere Grenzen, vorgelegte Formen und Normen »über-steigt«, was größer ist als das, was wir selber auf »gleichem Bereich«, auf »ebener Erde« vorfinden und »machen« können. Es muss etwas sein, das uns anreizt, umtreibt, herausfordert. Das Neue, Ungeahnte, Ungekannte lockt uns und verheißt uns Glück-seligkeit. Darum gilt in den seltensten Fällen: »Das Glück liegt auf der Straße« oder »Das Glück fällt vom Himmel«. Es fällt uns nicht in den Schoß. Und daraus folgt die zweite Einsicht: Wir müssen unser Glück suchen und um unser Glück kämpfen. Und dies oft unter schwierigen Bedingungen, unter Opfer und Verzicht, unter Enttäuschungen und Entbehrungen, auch unter Auseinandersetzungen und Widerständen. Das Glück um einen hohen Preis! Das muss man all jenen deutlich sagen, vor allem auch jungen Menschen, die der falschen Meinung sind, alle Welt habe ihnen das Glück und Glücklichsein auf goldenen Tellern und mit goldenen Löffeln zu servieren und sie hätten nur danach die Hände auszustrecken und es aufzufangen. Und dabei gilt es sofort mitzubedenken und festzuhalten, dass es kein dauerhaftes Glück gibt. Wir wissen aus Erfahrung, dass wir oft nur Augenblicke, dann und wann für Stunden, bestenfalls für ein paar Tage glücklich sind. Zu schnell ist es wieder vorbei, hat sich unverhofft aufgelöst, ist im Dunkel verschwunden. Genauso wie das Wort »Glück«, dessen sprachliche Herkunft bis heute dunkel bleibt, vielleicht mit den Worten »Heil« und »selig« zusammenhängt, vielleicht aber auch »Geschick«, »Zufall« bedeuten kann. Nicht umsonst haben mittelalterliche

Künstler das »flüchtige« Glück im Glücksrad dargestellt, an das, von Fortuna angetrieben, die Menschen sich festklammern, ohne es festhalten zu können. Wird dann der Traum vom Glück vergebens geträumt?

3.

Viele kennen jene kleine russische Legende von den beiden Mönchen, die in einem uralten Weisheitsbuch lasen, dass am Ende der Welt ein Ort sei, wo das wahre Glück zu finden sei. Ein Ort, wo Himmel und Erde sich berühren. So machten sie sich auf den Weg, durchwanderten die Welt, bestanden unzählige Gefahren, erlitten alle Entbehrungen, überwanden alle Versuchungen, ihre Suche aufzugeben. Eine Tür sei dort, so hatten sie gelesen, wo man nur anklopfen und eintreten müsse, um sich bei Gott zu befinden. Als sie schließlich ihr Ziel erreicht und eintraten – da fand sich jeder in seiner Klosterzelle. »Da begriffen sie: Der Ort, wo Himmel und Erde sich berühren, wo das große Glück zu finden ist, ja, wo Gott begegnet, befindet sich nicht am Ende der Welt, sondern hier auf dieser Erde, an der Stelle, die uns Gott zugewiesen hat.«
Ich finde, in dieser Legende werden uns weitere Anstöße und Hinweise gegeben für unsere Frage nach dem Glück. Zunächst: Das Glück wird hier nicht ehrsüchtig und habgierig für sich allein gesucht, sondern zu zweit. Mit einem gleichgesinnten, verlässlichen Menschen, der mitgeht und mitmacht, den die gleiche Sehnsucht, das gleiche Streben nach Glück umtreibt. Das ist bereits eine »glückliche« Voraussetzung. Wie schnell sind wir als Einzelkämpfer ermüdet und entmutigt. Wie gut ist es dann, wenn ein anderer, zwei oder drei oder eine kleine Gruppe da sind, die sich gegenseitig begeistern, bestärken und beflügeln. Sich also in jeder Weise unterstützen. Des Weiteren lehrt uns diese Geschichte: Wir verfallen allzu schnell dem Wunschdenken, der Illusion, das Glück immer da zu suchen und dort erhaschen zu wollen, wo wir *nicht* sind, was wir *nicht* haben. Dann aber auch, was andere uns vormachen, vorschreiben, ja sogar vorgaukeln. Das führt bei uns dann ebenso schnell zu Enttäuschung, Bitterkeit, Frustration, Neid und Habgier. Am Ende nicht selten zu Aggression und Depression. Viel

entscheidender ist, dass wir darauf schauen, was *in uns* selber liegt. Dass wir uns selber besser kennen und annehmen lernen. So wie wir nun einmal sind – von Geburt, Familie, Aussehen, Erziehung, Begabung, auch Fehlern und Schwächen her. Nur Zeitgeist, Modewelt, Werbung wollen diktatorisch uns anheizen und aufschwätzen, »schöner«, »reicher«, »einflussreicher«, »erfolgreicher«, »mächtiger« und so »glücklicher« werden zu können. Das miss-glückt meistens und macht die Umworbenen oft nur unglücklicher. Es geht nicht darum, »etwas aus sich zu machen«, sondern »zu werden, die wir sind«, wie schon die alten Griechen wussten (Pindar). Also zu entdecken, zu entfalten, worin unsere ureigenen Möglichkeiten, Talente, Schwerpunkte, auch unsere Grenzen und Einschränkungen liegen. Tausendmal ist es bewiesen, dass unser Lebensglück nicht an unseren hochgesteckten Ansprüchen oder an außergewöhnlicher Ausbildung, auch nicht am gut gefüllten Portemonnaie hängt, sondern daran, ob wir die in uns angelegten Möglichkeiten hervorgeholt und ausgeschöpft haben. Nur so werden wir von hochfliegenden Illusionen befreit, die uns nur am »wahren« Leben hindern, aber auch von verwegenen Träumen, die für nicht wenige am Ende zu Albträumen werden. Um Glück zu erfahren und zu erlangen, sollten wir zu allererst ein echtes Selbstbewusstsein, ein unverstelltes Selbstwertgefühl entwickeln. So bin ich. So bin ich geschaffen. Mit allen Vorzügen und Nachteilen. Und das Gute an mir will ich entfalten und vertiefen. Nicht nur für gewisse Zeit, sondern ein Leben lang.

4.

Was wir bis jetzt vom Glück gesagt haben, kann uns jeder Lebensberater sagen. Eigentlich aber schon der gesunde Menschenverstand. Unsere Geschichte führt aber doch weiter und gibt dem Glück einen Namen: Gott. Der Höhepunkt der Geschichte. Als Glaubende sind wir der Überzeugung, dass das Glück des Menschen mit Gott zu tun hat, dem tragenden Grund, Sinn und Ziel unseres Lebens. Wenn für uns im Tiefsten feststeht, dass er – ohne Ausnahme und Abstriche – hinter jedem Menschen steht, uns gewollt und geschaffen hat, wie wir sind, um uns weiß und uns liebt, dann werden doch unsere »Glücks-vorstellungen« und »Glückswünsche« stark relativiert. Jeder Mensch ist doch auf seine Weise grundsätzlich kostbar und wertvoll. Mit allem, was ihn – positiv wie negativ – zur unverwechselbaren, einmaligen Persönlichkeit macht. Dahinter ein Fragezeichen zu setzen oder es einfach zu bestreiten hieße: Gott für einen Pfuscher zu halten. Dagegen heißt es auf den ersten Seiten der Bibel: »Gott schuf den Menschen als sein Abbild; als Abbild Gottes schuf er ihn. Als Mann und Frau schuf er sie. Gott segnete sie ... Gott sah alles an, was er gemacht hatte: Es war sehr gut« (Gen 1,27 – 28.31). Aus dieser Zusage und Überzeugung heraus sollen wir Menschen vertrauensvoll mit dem »wirtschaften«, was uns als Talente ins Leben mitgegeben wurde. Und das gilt uneingeschränkt nicht zuletzt auch für die Menschen, die durch eine undurchschaubare, unerklärliche Lebenssituation in ihrem Lebensglück durch mangelnde oder falsche Erziehung, gar durch eine Behinderung beschnitten oder gedrosselt wurden. Das Schlimmste und Traurigste aber wäre, lebenslang in Vorwürfen gegen Gott und die Welt zu verharren und in lähmenden Selbstvorwürfen zu versauern. Viel sinnvoller und »erfolg-reicher« ist es, wie die beiden Mönche Höhen und Tiefen des Lebens zu durchwandern, Widerstände und Widrigkeiten zu überwinden, um am Ende mit großem Staunen und echter Freude zu erkennen: Das große Glück ist an dem Ort zu finden, den uns Gott zugewiesen hat. Da ist unser »Sitz im Leben«, der nur durch uns und sonst von niemandem ausgefüllt werden kann.

5.

Diese Einsicht führt mich noch einmal zu dem Menschenkenner Pascal. Wiederum in seinen »Pensées« schreibt er:

»Die Stoiker lehren: Kehr bei dir selbst ein; dort findest du Ruhe; und das ist nicht wahr. Die anderen lehren: Geh hinaus; such das Glück in der Zerstreuung; und das ist nicht wahr: Krankheiten kommen. Das Glück ist weder außer uns noch in uns; es ist in Gott, und sowohl außer uns als auch in uns« (fr 465).

Das vielstrebige Suchen nach Glück schraubt er hier zurück auf zwei grundsätzliche, freilich ganz gegensätzliche Verhaltensweisen der Menschen. Die einen versuchen, ihr Glück »innen«, im eigenen Innern zu erlangen. Das heißt: Sie müssen »bedürfnis-los« werden, alles abstreifen und verabschieden, was nach Streben, Macht, Geltung, Habsucht, Ehrsucht, Trieb riecht. Erst der Mensch, der nichts mehr hat und will, »aller Dinge ledig« ist, frei von aller Gier und Begierde nach äußerem Glück, ist wahrhaft glücklich. »Stoische Ruhe«, Leidenschaftslosigkeit, Unerschütterlichkeit bringen erst den wunschlos glücklichen Menschen hervor. Esoterische Kreise, asiatische Religionen, aber auch ganz bestimmte mönchische und mystische Lehren des Abendlandes haben darin das Lebensglück gesehen und dazu geraten. Die anderen versuchen gerade das Gegenteil: Sie setzen auf »Zerstreuung« (ein wichtiger Begriff bei Pascal!), so wie wir es hautnah in unserer Lust- und Spaßgesellschaft miterleben. Das heißt mit anderen Worten: alles ausprobieren, alles mitmachen, alles genießen, alles haben ... Koste es, was es wolle. Fit for fun! »Glück« in einem »Spaß ohne Ende«! Auch auf Kosten der anderen und ohne die anderen und gegen die anderen. »Krankheiten kommen« beschreibt Pascal die Folgen. Zu Recht. Wir spüren ja die »krankhaften« und »krankmachenden« Folgen in unserer Gesellschaft hart und unerbittlich, auch wenn wir sie nur zu gern verharmlosen und verdrängen: Verunsicherung, Verführung, Vereinsamung, Verwilderung, Verrohung, Verwahrlosung ... Mit allen damit verbundenen Problemen. Ein einziger, verheerender Selbstbetrug. Beide Verhaltensweisen – die zweite gewiss noch weniger – führen nach Pascal nicht zum Glück. Weder die Selbstbespiegelung noch die Selbstvergötzung. Das Glück ist »in Gott, und sowohl außer uns als auch in uns«. Sein eindrucksvolles Fazit.

6.

Wie aber kommt Pascal zu dieser Antwort, zu dieser Lösung? Für ihn ist diese unaufhörliche Suche, unausrottbare Sehnsucht des Menschen nach Glück, die er nicht »angelernt« hat, sondern in ihm »angeboren« ist, nur vom Glauben, von Gott her beantwortbar. Alle anderen Lösungswege taugen nicht und stoßen den

Menschen nur noch mehr vom »wahren« Glück zurück. Er schreibt:

> »Da uns die Gegenwart nie befriedigt, betrügt uns die Erfahrung und führt uns von Unglück zu Unglück bis zum Tode, der sein ewiger Gipfel ist. Was schreit aus dieser Gier und dieser Ohnmacht, wenn nicht das, dass ehemals der Mensch wirklich im Glück war, wovon uns nichts blieb als die Narbe und die völlig leere Spur, die der Mensch nutzlos mit allem, was ihn umgibt, zu erfüllen trachtet, da er von dem Ungegenwärtigen erlangen will, was er von dem Gegenwärtigen nicht erlangen kann; da diesen unendlichen Abgrund nur ein Unendliches und Unwandelbares zu erfüllen vermag, das heißt nur Gott selbst?« (fr 425).

Mit anderen Worten: Für Pascal ist die nie zu beschwichtigende, nie zu befriedigende Suche nach dem Glück nur so zu verstehen, dass der Mensch einst im »ewigen« Glück war, dies aus eigener Schuld verspielte und aus seinem »glücklichen Paradies« vertrieben wurde. Doch zurückgeblieben ist ihm die unstillbare Sehnsucht danach, die »unheilbare« Narbe, die ewig pochende Wunde, die dieses einstmal empfangene und empfundene Glück nie mehr vergessen lassen. Freilich ihn auch in seiner Verwirrung weiter verführt, auf mindere Glücksangebote aller Art hereinzufallen, um den »unendlichen« Hunger nach Glück zu stillen. Damit wird der Selbstbetrug des Menschen perfekt, weil dieser »unendliche Abgrund« sich nie füllen lässt – es sei denn durch und mit Gott selbst! Von Pascal noch einmal so verdeutlicht:

> »Er allein ist des Menschen wahres Gut; und rätselhaft, seit er sich von ihm abgewandt, gibt es nichts in der Welt, das nicht geeignet gewesen wäre, seinen Ort zu erfüllen: Sterne, Himmel, Erde, Elemente, Pflanzen, Kohl, Lauch, Tiere, Insekten, Kälber, Schlangen, Fieber, Pest, Krieg, Hungersnot, Laster, Ehebruch, Blutschande. Seitdem der Mensch dies wahre Gut verloren hat, konnte ihm alles und jedes das wahre Gut bedeuten, selbst seine eigene Vernichtung, obgleich sie zugleich gegen Gott, gegen die Vernunft und gegen die Natur ist« (fr 425).

7.

Mit diesen drastischen bis spöttisch-lächerlichen Beispielen will Pascal nur deutlich machen, dass es im Grunde auf Erden nichts gibt, das nicht vom Menschen zum ersehnten »Glücksgegenstand« oder »Glücksbringer« hochstilisiert werden könnte. Auch wenn es noch so unvernünftig und unnatürlich ist. Der Verlust des Paradieses wird immer neu durch die Verheißung neuer »Glückseligkeit« ersetzt und ausgeglichen. »Das Prinzip Hoffnung« ist unsterblich. Von daher bekommen die uralten biblischen Geschichten vom »Paradies« und »Sündenfall« einen ganz brisanten, bedeutsamen Stellenwert. Sie zeigen uns, worin das Geschenk und der Verlust des Glücks begründet sind. Demnach besteht das höchste Glück des Menschen in der Gemeinschaft und Freundschaft mit Gott und dem Mitmenschen. Das größte Unglück des Menschen aber besteht in seinem maßlosen Wunsch, wie Gott sein zu wollen. Also im Missverständnis und Missbrauch seiner Gottebenbildlichkeit, in Selbstsucht und Selbstvergötzung. Und darum wendet er sich auch gegen den Mitmenschen, der ihm zum Rivalen und Feind seines Glücks wird, wie uns die Geschichte von Kain und Abel vor Augen führt.

Der Abstieg ins Unglück wird – nach Auskunft und Aussage der Bibel – noch verstärkt durch den Missbrauch des Geschlechtlichen (Gen 6) und der Machtgier, dargestellt am Turmbau zu Babel (Gen 11). So wird die Zerstörung des menschlichen Glücks durch die bewusste und willentliche Störung der göttlichen Ordnung vorangetrieben – bis auf diesen Tag. Erkenntnisse und Erfahrungen, in Bildern und Geschichten eingekleidet, von zeitloser Gültigkeit. Dieser Widerspruch, dieser Zwiespalt im Leben und Handeln des Menschen scheint unaufhebbar zu sein, stürzt ihn immer neu und immer mehr in Verwirrung und Verführung. Und so ist es wieder Pascal, der stellvertretend für uns die erschütterte Frage stellt:

»Wenn der Mensch nicht für Gott geschaffen wurde, warum ist er dann nur in Gott glücklich? Wenn der Mensch für Gott geschaffen wurde, weshalb ist er dann so im Widerspruch zu Gott?« (fr 438).

Erst wenn entschieden ist, dass das wahre Glück letztlich nur in Gott zu suchen und zu finden ist, hat die Suche nach Glück »außer uns« wie »in uns« auch eine gewisse Berechtigung. Nur dann können die »Außenwelt« wie die »Innenwelt« mit all ihren durchaus vorhandenen Schätzen und Reichtümern zur echten, wirklichen »Glückserfahrung« werden. Es gilt auf einmal das, was Paulus einst so beschrieben hat: »Alles gehört euch ... Welt, Leben, Tod, Gegenwart, Zukunft: Alles gehört euch; ihr aber gehört Christus, und Christus gehört Gott« (1 Kor 3,21–23).

8.

Pascals scharfe Überlegungen und Formulierungen zum Glück des Menschen sind nicht zuletzt deshalb so interessant und bedenkenswert, weil sie uns im besten Sinne so »modern« und »aktuell« erscheinen. Im Grunde nehmen sie unser heutiges Denken und Empfinden bereits im 17. Jahrhundert vorweg. Die ganze Unsicherheit, ja Zerrissenheit des Menschen unserer Zeit bringt er präzis zur Sprache. Hin- und hergerissen zwischen Hirn und Herz, Hochmut und Demut, Glaube und Verstand, Frömmigkeit und Wissenschaftlichkeit, Gebet und Zweifel, Einsamkeit und Zusammensein wird er selbst zum Ab-bild dieses ruhelosen, zwiespältigen Menschen – immer auf der Suche nach seinem Glück. In seinem kurzen, dafür genialen Leben hat er es – wie wir aus seinen Schriften wissen – in Jesus Christus gefunden.

So hätten wir auch auf einen viel älteren Autor zurückgreifen können, mehr als 2500 Jahre alt und Verfasser des Psalms 16, der uns seine Sicht des Glücks vorstellt. Da heißt es:

[1] Behüte mich, Gott, denn ich vertraue dir.
[2] Ich sage zum Herrn: »Du bist mein Herr;
mein ganzes Glück bist du allein.«
[3] An den Heiligen im Lande, den Herrlichen,
an ihnen nur hab' ich mein Gefallen.
[4] Viele Schmerzen leidet, wer fremden Göttern folgt.
Ich will ihnen nicht opfern,
ich nehme ihre Namen nicht auf meine Lippen.

⁵ Du, Herr, gibst mir das Erbe und reichst mit den Becher;
du hältst mein Los in deinen Händen.
⁶ Auf schönem Land fiel mir mein Anteil zu.
Ja, mein Erbe gefällt mir gut.
⁷ Ich preise den Herrn, der mich beraten hat.
Auch mahnt mich mein Herz in der Nacht.
⁸ Ich habe den Herrn beständig vor Augen.
Er steht mir zur Rechten, ich wanke nicht.
⁹ Darum freut sich mein Herz und frohlockt meine Seele;
auch mein Leib wird wohnen in Sicherheit.
¹⁰ Denn du gibst mich nicht der Unterwelt preis;
du lässt deinen Frommen das Grab nicht schauen.
¹¹ Du zeigst mir den Pfad zum Leben.
Vor deinem Angesicht herrscht Freude in Fülle,
zu deiner Rechten Wonne für alle Zeit.

9.

Was für Aussagen und Bilder! Hier spricht einer davon, wie »glücklich« er in seinem Leben (geworden) ist. Er hat allen Grund dazu, wie wir erfahren. Er hat Besitztum und ein reiches Erbe (V. 6). erfreut sich guter Gesundheit (V. 9), hat seinen Weg zum Erfolg gefunden (V. 5.11) und hat auch keine »Todes-angst« mehr (V. 10). Da hat doch einer tatsächlich das »große Los« gezogen. Ein Glückspilz auf der ganzen Linie! Aber hinter allem »vordergründigen« Glück – so weiß dieser unbekannte Psalmensänger – steht im »Hintergrund« einzig und allein Gott. Also ein heimlicher Favorit Gottes? Keineswegs. Der Psalmist weiß um die ständige Bedrohung seines Lebens und Gefährdung seines Glücks. Darum gleich zu Anfang: »Behüte mich, Gott, denn ich vertraue dir. Ich sage zum Herrn: Du bist mein Herr; mein ganzes Glück bist du allein« (V. 1–2). Wenn also so viel Glück in sein Leben eingekehrt ist, dann ist das nicht sein Verdienst oder Ergebnis seiner Anstrengungen, sondern Ausdruck der Huld und des Erbarmens Gottes. Auch er stand immer wieder in Versuchung, »anderen Göttern« nachzulaufen, sein Glück da zu versuchen, anderen Glücksangeboten zu erliegen (V. 4). Und so muss er innerlich immer wieder

Kämpfe ausfechten, sich des Nachts mit Gott beraten und auf sein Gewissen (Herz!) und Gottes Weisung hören. Diesen Zwiespalt hat er schließlich überwunden und den Kampf gewonnen – im völligen Einssein mit dem Willen Gottes (V. 9). Und hinzu kommt eine kostbare Erfahrung: Der Tod ist im Allgemeinen das Ende vom Lied, das Ende des Glücks. Hier nicht. Denn wo Gott da ist, kann der Tod das Leben nicht vernichten, können »Unterwelt« und »Grab« nicht triumphieren. Denn in der Lebensgemeinschaft mit Gott ist der Mensch auf jeden Fall »in Sicherheit« (V. 9–10). Ja, das Glück wird noch gesteigert: »Du zeigst mir den Pfad zum Leben. Vor deinem Angesicht herrscht Freude in Fülle, zu deiner Rechten Wonne für alle Zeit« (V. 11). Das Glück, das sich durch Gottes Gnade schon im »irdischen« Leben zeigte, voll-endet sich »vor seinem Angesicht«. Also in der Lebensfülle und Lebensgemeinschaft Gottes! Kein Wunder, dass da der Beter in überschwänglichen Dank und Jubel ausbricht. Kein Wunder auch, dass gerade dieser Psalm später in der christlichen Verkündigung – näherhin in der Apostelgeschichte, wo er von Petrus (Apg 2,25–28.31), aber auch von Paulus (Apg 13,35) auf die Auferweckung Jesu hin gedeutet wird –, bedeutsam ist, weil Gottes überwältigende Lebensfülle und Lebenskraft die »Verwesung seines Frommen« verhindert hat.

10.

Worin lag nun der Grund, dass hier ein Mensch so hingerissen und erfüllt von seinem Glück sprechen kann? Fassen wir die Antwort so zusammen: Nur in der lebendigen Gemeinschaft mit Gott gibt es »Leben«, »Freude in Fülle«, »Wonne für alle Zeit« (V. 11). Das ist gleichsam der Endpunkt. Voraussetzung aber sind drei gundsätzliche Einsichten und Erfahrungen: Der Mensch hat das Leben nicht aus sich selbst, sondern verdankt es der Güte Gottes. Ein Geschenk seiner Gnade. Dazu kommt, dass der Mensch aufgefordert ist, sein Leben in die Hand zu nehmen und es zu gestalten. Aber nicht nach Lust und Laune, »selbst-herrlich«, sondern im steten Rück-blick auf den »Herrn«, in der Rück-besinnung auf Gottes »Gesetz«, seine »Weisung«. Und diese Weisung schenkt dem Menschen schließlich

Weg-weisung fürs Leben und damit Hoffnung und Vertrauen ins eigene Leben, macht ihm Mut, bewahrt ihn vor dem »ewigen« Tod, aber auch vor den vielen kleinen Toden zuvor – wie Bitterkeit, Enttäuschung, Verzweiflung, Selbstzerstörung. Also: ein »glück-seliges« Leben in der engen, vertrauten, unverdienten Lebensgemeinschaft und Freundschaft mit Gott. Nicht umsonst kommt in diesem kleinen wunderbaren Psalm die Anrede »du«, »dir«, »dein« elfmal vor – Ausdruck tiefster Hingabe! Und nicht zu vergessen: Dieses Glück beginnt nicht erst »dereinst«, im Himmel, sondern bereits auf Erden. Hier. Heute. Jetzt. Darum durchziehen nicht nur Dank, Vertrauen, Jubel, Hingabe diesen Psalm, sondern auch das Wissen um die Gefährdung und Bedrohung des Glücks durch die Welt und die Menschen. Aus diesem Grund beginnt auch unser Psalm mit einer Bitte: »Behüte mich, Gott, denn ich vertraue dir. Ich sage zum Herrn: Du bist mein Herr; mein ganzes Glück bist du allein«.

11.

Als Christen können wir nicht vom Glück reden, ohne unseren Blick auf Jesus zu werfen. Wenn etwas vom irdischen Jesus gesichert ist, dann dies, dass er die Menschen glücklich haben und machen wollte. »Ich bin gekommen, damit sie das Leben haben und es in Fülle haben«, sagt er im Johannesevangelium (10,10). Ähnlich wie im Psalm 16. Was bedeutet das anderes als ein Leben »im Glück«? Deshalb sieht er seine Sendung und Lebensaufgabe darin, den Menschen dafür die Augen zu öffnen und ihnen dazu zu verhelfen. Mit ihm kam »leib-haftig« die »Fülle der Zeit« (Gal 4,4). Und er selbst verstand sich und seine Botschaft als »Auftakt« zur »Heilszeit«, zur »Glückszeit«, die den ganzen Menschen erfassen will: »Die Zeit ist erfüllt, das Reich Gottes ist nahe. Kehrt um, und glaubt an das Evangelium!« (Mk 1,15).

Dabei ist wichtig, dass für ihn das Glück nicht ein zufälliges, undurchsichtiges, launisches »Schicksal«, sondern erreichbar, »beim Schopf zu packen« ist. Allerdings nicht ohne seinen Preis: durch Abkehr vom bisherigen Leben und Hinkehr zum kommenden rettenden Gott! Also: durch Buße und Glaube. Damit relativiert er alle anderen Wege und Versuche des Menschen, sich das Glück auf eigene Faust und nach eigenem Geschmack zu verschaffen. Ja, er verneint sie sogar oder schließt sie regelrecht aus. Dafür preist er all die »glückselig«, die arm und bedrückt sind, trauern und weinen, sich für Erbarmen, Gerechtigkeit, Frieden einsetzen, verhöhnt, verfolgt, gar vernichtet werden, weil sie sich nicht auf ihr eigenes Glück, sondern auf Gottes Heil und Erbarmen verlassen. Alles in seiner Bergpredigt zusammengefasst (Mt 5,3–12). Ebenso preist er die glücklich, die zur Versöhnung und Feindesliebe, zum Teilen und zur selbstlosen Mithilfe, zum lauteren und herzlichen Umgang miteinander bereit sind. Entlastend und befreiend von ihm so ausgedrückt: »Kommt alle zu mir, ihr Mühseligen und Beladenen, ich will euch erquicken (im Urtext: eine »Ruhe-pause« verschaffen!) … und so werdet ihr finden, was eurem Leben Erquickung (wieder: »Ruhe-pause«!) schenkt. Denn mein Joch ist sanft, und meine Last ist leicht« (Mt 11,28–30). Um dieses göttliche Glück auch äußerlich sichtbar zu machen, setzt er »wunder-bare« Zeichen, heilt Kranke aller Art, speist Hungernde, vergibt Sünden und Schuld, verschenkt selbst am Ende Leib und Leben an die Menschen. Und dies alles, damit Menschen hellhörig, hellsichtig werden für jenes tiefe, unverlierbare Glück, das für sie bereit liegt und das sie empfangen können, wo sie in ihrem Leben dem Heil und der Heilung Gottes Raum geben. Doch selbst das furchtbarste Unglück, das Jesus am eigenen Leib auf Golgota erfahren und erleiden musste, kann dieses neu gewonnene, allen zugesprochene Glück nicht mehr in Frage stellen, geschweige denn auslöschen. Denn Gott selbst hat in der Auferweckung Jesu diesen Weg zum Glück als richtig und für immer gültig bestätigt.

12.

So hat Dorothee Sölle Recht, wenn sie einmal sehr schön schreibt: »Ich halte Jesus von Nazareth für den glücklichsten Menschen, der je gelebt hat. Ich denke, dass die Kraft seiner Phantasie aus dem Glück heraus verstanden werden muss. Alle Phantasie ist ins Gelingen verliebt, sie lässt sich etwas einfallen und sprengt immer wieder die Grenzen und befreit die Menschen, die sich unter diesen Grenzen in Opfer und Entsagung, in Repression

und Rache ducken und sie so ewig verlängern. Jesus erscheint in der Schilderung der Evangelien als ein Mensch, der seine Umgebung mit Glück ansteckte, der seine Kraft weitergab, der verschenkte, was er hatte. Das konventionelle Bild von Jesus hat immer seinen Gehorsam und seinen Opfersinn in den Vordergrund gestellt. Aber Phantasie, die aus Glück geboren wird, scheint mir eine genauere Bezeichnung seines Lebens. Sogar sein Tod wäre missdeutet als das tragische Scheitern eines Glücklosen, er wäre zu kurz verstanden, wenn nicht die Möglichkeit der Auferstehung in Jesus selber festgehalten würde! Auferstehung als die weitergehende Wahrheit der Sache Jesu ist aber im Tode dieses Menschen gegenwärtig; er hat den Satz ›ich bin das Leben‹ auch im Sterben nicht zurückgenommen«.
Dem ist nichts hinzuzufügen. Vielleicht nur soviel: Jesus macht uns noch einmal deutlich, dass das Glück – wie Pascal richtig sah – »weder außer uns noch in uns« zu finden ist, sondern in Gott, »und sowohl außer uns als auch in uns«. Mit anderen Worten: Wir dürfen uns weder von der Welt verbittert oder verächtlich verabschieden, noch uns der Welt unbedacht und ungezügelt in die Arme werfen. Die Welt darf nicht »zerstückelt« werden, das »inner-weltliche« Glück weder »verhimmelt« noch »verteufelt« werden. Das käme einem Angriff auf den Schöpfer gleich, der uns diese Welt übergeben und anvertraut hat. Und wer wollte leugnen, dass es in dieser Welt nicht auch eine Menge von Glückserfahrungen gibt, wie wir eingangs festgestellt haben: eine wunderschöne Natur und reiche Kultur, Freundschaft und Liebe, Gesundheit und Genuss aller Art und vieles mehr. Biblisches und christliches Denken haben – oft auch gegen offene und unterschwellige Gegenströmungen – diese Welt mit all ihren Gegebenheiten »durchsichtig« auf Gott hin betrachtet und angenommen. So wie im Psalm 16 schon erläutert. Darum gilt: »Gott in allen Dingen finden« (Ignatius von Loyola). Spätestens seit Jesus ist nichts mehr von der Welt ausgeklammert, alles ist mit Gott »erfüllt«, ohne dass diese Welt zugleich mit Gott in eins gesetzt würde. Die Welt und die Dinge sind von ihm durchwirkt – und dennoch ist und bleibt er der Ganz-Andere, absolut unverfügbar und welt-enthoben. So darf auch das Unglück nicht fatalistisch betrachtet und als unabän-

derlich hingenommen werden. Nirgends finden wir Hinweise bei Jesus, dass wir uns mit dem Unglück, mit Schmerzen, Elend, Katastrophen, Zerstörungen leidenschafts- und widerstandslos abfinden sollten. Im Gegenteil: Wir sind aufgefordert, uns dagegen zu wehren und für das eigene Glück, aber auch das der anderen zu kämpfen, einander zum Glück und Glücklichsein zu verhelfen. Weil in allem gilt: »Ich aber – Gott nahe zu sein ist mein Glück. Ich setze auf Gott, den Herrn, mein Vertrauen. Ich will all deine Taten verkünden« (Ps 73,28).

13.

So haben wir uns ein wenig Gedanken gemacht über das, was uns so schnell über die Lippen geht und zugleich so schwer zu finden und festzuhalten ist: das Glück. Von allen Generationen schon unzählige Male bedacht, beschrieben, gesucht, aber auch – wenigstens zeitweise – erfahren und genossen. Und seit Bestehen der Welt ist niemand je wunsch-los glücklich gewesen.
Wir stehen am Anfang eines neuen Jahres. Viele Glück-wünsche sprechen wir anderen aus und empfangen sie selber von anderen schriftlich oder mündlich in diesen Tagen. Und wir haben hoffentlich auch Gelegenheit genug, über das Glück, »unser« Glück nachzudenken. In einem Brief zum Neujahrsbeginn schrieb einer der großen »geistlichen« Meister und feinfühligen Lehrer unserer Kirche, Franz von Sales (1567–1622) Folgendes – und da scheint mir schon so etwas wie Glück auf:

> »Meine Vergangenheit kümmert mich nicht mehr,
> sie gehört dem göttlichen Erbarmen.
> Meine Zukunft kümmert mich noch nicht,
> sie gehört der göttlichen Vorsehung.
> Was mich kümmert, ist das Hier und Jetzt und Heute;
> das aber gehört Gottes Gnade und der Hingabe meines
> guten Willens«.

In diesem Sinne: fürs neue Jahr Hals- und Beinbruch! Glück und Segen!

Mit Gott ringen

Ein Mann hatte große Schuld auf sich geladen. Er hatte seinen Zwillingsbruder nach Strich und Faden betrogen, ihn um das Erstgeburtsrecht gebracht und sich den Segen des alten Vaters erschlichen. Dabei auch noch von seiner Mutter unterstützt. Also sann der betrogene Bruder auf Blutrache und Tötung. Der Mann musste ins Ausland fliehen. Nachdem er es da zu Hausstand und Reichtum gebracht hatte, dachte er an seinen Bruder daheim und wollte sich gern mit ihm versöhnen. Aber dann hörte er, dass sein Bruder bereits mit Mann und Waffen unterwegs war, um sich fürs erlittene Unrecht zu rächen. Da überfiel den Mann mit einem Mal große Angst: Wie den Bruder jetzt noch besänftigen? Wie sich versöhnen? Also schickte er ihm seine Knechte mit Tieren entgegen, in der Hoffnung, ihn mit diesen Geschenken versöhnlich zu stimmen. Er selbst wollte dann mit Frauen und Kindern nachkommen. Doch dann geschah etwas ganz und gar Unerwartetes, Ungewöhnliches.
Mitten in der Nacht fiel ihn ein unheimlicher Geist an und rang mit ihm bis zur Morgenröte. Da der Geist aber den bärenstarken Mann nicht richtig bezwingen konnte, renkte er ihm die Hüfte aus, so dass der Mann von nun an hinken musste. Endlich flehte der nächtliche Geist: »Lass mich los, die Morgenröte bricht an!« Der Mann, dem langsam dämmerte, mit wem er es zu tun hatte, sprach: »Ich lasse dich nicht, bis du mich gesegnet hast«. Der Geist erwiderte: »Wie ist dein Name?« Er antwortete: »Jakob«. Da sagte der Geist: »Du sollst nicht mehr Jakob heißen, sondern Israel – Streiter Gottes. Denn du hast mit Gott und mit den Menschen gestritten und bist Sieger geblieben«. Da bat der Mann: »Und wie ist dein Name?« Der Geist antwortete: »Warum fragst du mich nach meinem Namen?« Darauf segnete er ihn an jenem Ort. Der Mann aber nannte den Ort »Penuel«, das heißt »Antlitz Gottes«. Denn er sagte: »Ich habe Gott von Angesicht zu Angesicht geschaut und bin am Leben geblieben«. Da ging die Sonne über ihm auf ...

1.

Natürlich ist uns diese Geschichte bekannt. Rembrandt hat sie gemalt, und auch Gauguin und Chagall. Es ist Jakobs Kampf mit dem Engel, mit Gott. Eine ungewöhnliche, unheimliche Geschichte. Phantastisch und geheimnisvoll wie ein Märchen. Ein Geist mit großen Kräften, der nur nachts Macht hat und bei Tagesanbruch verschwinden muss, tritt plötzlich auf. Und er kann nicht ohne Weiteres fliehen, weil der bärenstarke Jakob ihn festhält. Möglich, dass der Erzähler eine alte Ortssage, die im Umlauf war, aufgegriffen und ihr im Nachhinein seine eigene, tiefere Deutung gegeben hat: Nicht irgendein Dämon, sondern Gott fällt in der Nacht über Jakob her. Damit hat Jakob am wenigsten gerechnet. Was ihn bewegt und beschäftigt, ist etwas ganz anderes: Angst. Angst vor dem heranrückenden, rachedurstigen Bruder. Angst vor dem ungewissen Ausgang ihrer Begegnung. Angst vor einer unabsehbaren Katastrophe. Und dann überfällt ihn Gott, hält ihn in Atem, verrenkt ihm die Hüfte – und segnet ihn am Ende auf seine Bitte hin. Zuvor aber muss noch etwas anderes, Merkwürdiges geschehen: Er muss seinen Namen nennen. »Jakob« – und das bedeutet »Fersenhalter«, »Betrüger«. Indem er nun seinen Namen preisgeben muss, muss er zugleich sein »Wesen« offenbaren, sich bloßstellen, seine Schande bekennen, seine Betrügereien und Listen aufdecken. Doch genau in dem Augenblick, wo er sich offenbaren, sein wahres Wesen, seine Schuld »beim Namen nennen« muss, gibt Gott ihm einen anderen, einen neuen Namen: »Israel« – »Streiter Gottes«. Dagegen erfährt er Gottes Namen nicht. Denn er, der Jakob erfasst, bleibt un-fassbar, der ihn ergreift, un-begreifbar, der ihn benennt, un-nennbar. Selbst dann bleibt Gott dem Menschen absolut entzogen und unverfügbar, auch wenn er mit ihm gekämpft und gerungen hat, ihm auf den Leib gerückt ist.

2.

Doch seinen Segen gibt er ihm. Etwas von seiner göttlichen Lebenskraft, um die Jakob-Israel bittet. Zeichen seiner Huld und seines Erbarmens. Und so von Gott »gezeichnet«, zieht Jakob weiter, seinem Bruder entgegen. Er ist ein anderer geworden. Und in dieser veränderten Gesinnung kann er nun vor den feindlichen Bruder hintreten, sich vor ihm siebenmal zu Boden werfen und ihn um Verzeihung bitten. Und das Wunder geschieht: »Esau lief ihm entgegen, umarmte ihn und fiel ihm um den Hals; er küsste ihn, und sie weinten« (Gen 33,4). Das heißt doch: die unerwartete Begegnung mit Gott schafft eine neue, ungeahnte Begegnung mit dem Bruder. Der Segen Gottes versöhnt und vereint wieder die feindlichen Brüder. Und alles, was vorher wie eine schwere, dunkle Last auf Jakob lag – die Flucht, die Rückkehr in die Heimat, das Eingeständnis der Schuld, der geheimnisvolle Kampf, die Angst vor der Begegnung mit dem Bruder – ist mit einem Schlag von ihm genommen. Die Begegnung und Segnung Gottes bereinigt die Schuld in der Vergangenheit, schenkt hier und jetzt gegenseitige Versöhnung und ermöglicht den beiden Brüdern neu Vertrauen und Gemeinschaft in der Zukunft. Das ist für Esau wertvoller als alle Geschenke, die ihm Jakob in seiner großen Freude machen will. Doch Jakob drängt sie ihm auf und endet mit den schönen Worten: »Nimm das Geschenk aus meiner Hand an! Denn dafür habe ich dein Angesicht gesehen, wie man das Angesicht Gottes sieht, und du bist mir wohlwollend begegnet« (Gen 33,10).

3.

Was für eine eindrucksvolle, bewegende Geschichte! Nachzulesen im 32. und 33. Kapitel des Buches Genesis. Verständlich, dass gerade in dieser Jakobsgeschichte das Volk Israel seine eigene Geschichte widergespiegelt sah. Wie oft geht es eigene Wege und liegt deshalb im Kampf mit Gott – bis der Tag anbricht! Seltsam: Gott muss über Israel »herfallen«, um es aus Irrwegen und Umwegen herauszuführen. Es muss mit ihm ringen, um den klaren Blick nach vorn zu bekommen, um, von Gott gesegnet, dann wieder weiterziehen zu können. Aber diese Geschichte redet nicht nur von Israel. Sie redet genauso auch von uns. Eines Tages entdecken wir beunruhigt und betroffen, dass wir nicht mehr so weitermachen können wie bisher. Wir sind am Ende mit unseren hochfliegenden Plänen und hochtrabenden Reden, mit unserem Fortschrittstaumel und egoistischen Treiben. Wir spüren: Es ist Zeit, umzudenken, umzukehren, sich umzusehen und Neuland zu suchen. Und dann steht der Bruder vor uns, den wir ausgetrickst, ausgenützt und ausgeschaltet haben. Denn er ist ja schon lange nicht mehr unser Bruder, sondern unser Rivale, unser Gegner, schlimmstenfalls unser Feind. So aufgeschreckt fallen plötzlich dunkle Mächte über uns her: Angst und Zweifel, Einsamkeit und Verlassenheit, Gewissensbisse und Schuld. Wir kämpfen mit ihnen, wollen sie niederringen – doch sie sind stärker als wir. Verrenkt und erschöpft entdecken wir langsam, dass in diesem Zweikampf auch Gott mitbeteiligt ist. Und jetzt sind wir aufs Neue gefordert. Wir müssen uns zu erkennen geben, eingestehen, dass wir versagt haben und schuldig geworden sind. Ja, wir müssen den Mut haben, uns »bloßzustellen«, nichts zu bemänteln und nichts zu beschönigen. Denn solange wir uns immer herausreden und unser Versagen nicht beim Namen nennen, wird nichts geschehen, nichts bereinigt, die dunkle Vergangenheit bleibt. Wenn wir aber vor Gott unseren »wahren« Namen, unser »wahres« Wesen offen legen – dann erst kann er uns einen »neuen« Namen geben. Und damit ein »neues« Herz. Einen »neuen« Geist. Eine »neue« Gesinnung. Eine »neue« Einstellung und Hinwendung zu unseren Brüdern und Schwestern. Und auch zu uns selbst! Dann wird er, den wir nie er-fassen und nie be-greifen können, der immer anders handeln wird, als wir es wollen und vermuten, uns wirklich segnen und weiterziehen lassen, damit wir zu unseren Brüdern und Schwestern aufbrechen und mit ihnen eine »neue« Zukunft beginnen. Und wir werden sehen: Da geht die Sonne über uns auf ...

4.

Vielleicht spüren wir jetzt, warum uns diese eindrucksvolle Jakobsgeschichte am Anfang des neuen Jahres ins Gedächtnis gerufen wird. Denn noch steht dieses Jahr ganz neu und ziemlich unbekannt und ungewiss vor uns. Gesetzt den Fall: Die vielen großen und kleinen Staatsmänner in aller Welt, auch die großen und kleinen Diktatoren und Machthaber, die – voll von Angst und Misstrauen – einander nur mit Geld, Gewalt und Bedrohung in Schach halten können, würden wirklich mit Gott ringen, ihr Unrecht und ihre Schuld ohne Wenn und Aber beim Namen nennen und Gott bitten: »Ich lasse dich nicht, bis du mich gesegnet hast«, umso gesegnet dem feindlichen, bewaffneten Bruder entgegenzuziehen und um Verzeihung zu bitten – was für eine große, gemeinsame, friedvolle Zukunft könnte da für alle beginnen! Aber seien wir bescheidener und realistischer. Gesetzt den Fall: Wir würden nach langem, ehrlichem Ringen mit Gott und mit uns fähig sein, unsere Schuld in der Vergangenheit offen und aufrichtig zuzugeben und Gott festzuhalten und anzuflehen: »Ich lasse dich nicht, bis du mich gesegnet hast«, um dann dem Bruder, der Schwester, dem Mann, der Frau, den Eltern, den Kindern, dem Vorgesetzten, dem Kollegen und Nachbarn entgegenzugehen und wie Jakob zu Esau zu sprechen: »Ich habe dein Angesicht gesehen, wie man das Angesicht Gottes sieht. Nimm das Geschenk aus meiner Hand wohlwollend an …« – ich bin mir ganz sicher: Die Nacht würde weichen, die Sonne ginge über uns auf, es würde heller Tag werden – nicht nur in diesem neuen Jahr!

Ein kostbares Wort

Der König Artabon schickte einst dem Rabbi Jehuda ein Geschenk – einen kostbaren Edelstein –, und er bat ihn, er möge sich dafür revanchieren und ihm auch ein Geschenk senden, das der Rabbi für teuer hält. Da schickte ihm der Rabbi eine Mesusa. Das ist eine auf Pergament geschriebene heilige Inschrift, die in einen Behälter gerollt auf dem Türpfosten (= Mesusa) befestigt wird.
Der König wunderte sich darüber und fragte ihn: »Wie ist das möglich? Ich habe dir doch einen teuren Edelstein geschickt, desgleichen man nirgends finden kann. Du aber hast mir etwas geschickt, das nichts wert ist«.
Da antwortete ihm der Rabbi: »Mein Geschenk und dein Geschenk lassen sich nicht vergleichen. Du hast mir ein Geschenk geschickt, das ich gut behüten muss, dagegen habe ich dir ein Geschenk geschickt, das dich behüten wird«.
Eine kleine jüdische Geschichte, die zu denken gibt. Sind die Verwunderung und Verwirrung des Königs so unverständlich? Ist ein Stückchen Papier wirklich ein »gleich-wertiges« Gegenstück zu einem funkelnden Edelstein? Hat das Argument des Rabbi den König am Ende doch noch nachdenklich gemacht oder gar überzeugt, dass es hier ganz unterschiedliche »Wert-vorstellungen« gibt? Alles Fragen, die in der Geschichte nicht beantwortet werden. Dann wollen wir es versuchen.

1.

Menschen häufen nur allzu gern »Schätze« und »Werte« an: Geld, Schmuck, Antiquitäten, Immobilien und vieles mehr. Immer auch mit dem Hintergedanken, die »Werte« noch zu steigern und beträchtliche Gewinne daraus zu erzielen. Das hat zusätzlich seinen Preis. Tresore, Safes, Alarmanlagen, hohe Versicherungen müssen herhalten, um den Besitz zu hüten und zu schützen. Hinzu kommen nicht wenige Ängste und quälende Gedanken, diese Kostbarkeiten durch Raub, Betrug, Zerstörung, Schäden aller Art unwiederbringlich zu verlieren. Schon von daher bleibt uns die eindringliche Mahnung Jesu unvergesslich im Ohr: »Sammelt euch nicht Schätze hier auf Erden, wo Motte und Wurm sie zerstören und wo Diebe einbrechen und sie stehlen, sondern sammelt euch Schätze im Himmel, wo weder Motte noch Wurm sie zerstören und keine Diebe einbrechen und sie stehlen. Denn wo dein Schatz ist, da ist auch dein Herz« (Mt 6,19–21). Und auch das dürfen wir nicht vergessen: Wie oft waren Geld und Besitz im Laufe der Menschheitsgeschichte der äußere Anlass zu noch mehr Macht und Gewalt, zu Hass und Neid, zu Korruption und Kriminalität mit schrecklichen, verheerenden Folgen. Von all dem ist der König in unserer Geschichte weit entfernt. Er will mit dem kostbaren Edelstein dem Rabbi eine Freude machen. Damit will er seine besondere »Wertschätzung« dem anderen gegenüber zum Ausdruck bringen. Freilich in der Erwartung, dies auch gleichwertig vergolten zu bekommen. Das weist der kluge Rabbi auch gar nicht zurück, sondern revanchiert sich mit einer Gegengabe, die nur völlig anders ausfällt. Mit einer Mesusa. Aus Holz, Metall oder Silber verfertigt und am rechten Türpfosten befestigt, birgt sie das »Sch'ma Jisrael«, das Herzstück des jüdischen Glaubens, das einzige, absolut gültige jüdische Glaubensbekenntnis: »Höre, Israel, der Herr, unser Gott, ist einzig. Darum sollst du den Herrn, deinen Gott, lieben mit ganzem Herzen, mit ganzer Seele und mit ganzer Kraft ...« (Dtn 6,4–9). Seit Jahrtausenden wird das von frommen Juden morgens und abends gebetet, wobei sie Gebetsriemen (Teffilin) um Stirn, linken Arm und Handgelenk legen. So auch äußerlich dem ewigen und einzigen Gott aufs tiefste »verbunden«. Jetzt wird uns auch klar, was der Rabbi mit seinem Geschenk meinte. Diese Mesusa ist Ausdruck des Glaubens wie der Erinnerung an den einzigen, lebendigen Gott, der allein den Menschen »be-hüten« kann und wird – mehr als alle Edelsteine und Schätze der Welt.

2.

Eigentlich könnte dieses kostbare Herzstück des jüdischen Glaubens auch uns als sinnvoller Neujahrswunsch beglücken und durchs neue Jahr begleiten. Doch möchte ich mich jenem Segenswunsch anschließen, den uns die Liturgie an diesem Neujahrstag vorgibt und der uns als »aaronitischer Segen« bekannt ist, auch als fester Bestandteil der evangelischen Gottesdienstordnung. Ihn wollen wir noch einmal hören:

> »Der Herr sprach zu Mose: Sag zu Aaron und seinen Söhnen:
> So sollt ihr die Israeliten segnen; sprecht zu ihnen:
> Der Herr segne dich und behüte dich.
> Der Herr lasse sein Angesicht über dich leuchten und sei dir gnädig.
> Der Herr wende sein Angesicht dir zu und schenke dir Heil.
> So sollen sie meinen Namen auf die Israeliten legen,
> und ich werde sie segnen« (Num 6,22–27).

Ein beeindruckendes Segenswort. Ein »Juwel« ganz eigener Art. Keine Frage: Der Segensspender ist eindeutig Gott. Viermal wird in diesem kleinen Text ausdrücklich »der Herr« genannt. Und wie zur unwiderruflichen Bestätigung noch einmal am Ende: »Ich werde sie segnen«. Andererseits bedient sich Gott aber auch der Menschen, um ihnen Heil und Segen zuteil werden zu lassen – »vor aller Augen und Ohr«. So mit diesem Wort: »Sie sollen meinen Namen auf die Israeliten legen«. Darum geht die Segensvermittlung von Gott über Mose hin zu Aaron und seinen Söhnen. Und durch sie erfahren die anderen Menschen »hautnah« Gottes segens-reiche Zuwendung und Zuneigung. Gott allein ist und bleibt die Quelle des Segens. So wie es schon die Schöpfungserzählung betont: »Gott segnete alle Arten von Seetieren, anderen Lebewesen und gefiederten Vögeln … und segnete Mann und Frau und sprach zu ihnen: Seid fruchtbar und mehret euch« (Gen 1,22.28). Dieser göttliche Segen will zu nichts anderem verhelfen als zu einem geglückten, erfüllten Leben.

3.

»Der Herr segne dich und behüte dich.« Da wird die Segenskraft Gottes nicht auf den einzelnen Menschen herabgerufen – wie man vermuten könnte –, sondern auf die ganze Gemeinde, in der der Einzelne freilich als lebendiges Mitglied aufgehoben ist: Segen für Kinder, die Ernte, die Erde, für das fruchtbare Gedeihen und Wohlbefinden von Mensch und Tier. Aber auch Sieg über gott- und menschenfeindliche Kräfte. Denn alles, was in »Menschenhand« liegt, kann im Letzten nur durch »Gottes Hand« behütet, bewahrt und festgehalten werden. »Der Herr lasse sein Angesicht über dich leuchten und sei dir gnädig.« Das meint nichts anderes, als dass Gott »mit seiner ganzen Person«, »mit seinem ganzen Wesen« uns wohlwollend und wohlgesonnen zugewandt ist. Gleichsam vis-à-vis, Blick an Blick. Sich um uns sorgend, kümmernd, um unsere Bedürftigkeit und Gefährdung wissend. Und dies überbrückt und überwindet er durch seine uneingeschränkte Gnade und Liebe, die den Menschen in ihrer Schwachheit und Bedrängnis immer wieder zu Hilfe kommen. Darum kann Sören Kirkegaard so treffend sagen: »Gottes zu bedürfen ist die höchste Vollkommenheit des Menschen«.

»Der Herr wende sein Angesicht dir zu und schenke dir Heil.« Eigentlich wird nur wiederholt und bekräftigt, was zuvor gesagt wurde. Wenn Gott dem Menschen »sein Angesicht zuwendet«, ihn »ansieht«, dann gewinnt er unverdientes »Ansehen«, ein erfülltes Leben. Im Hebräischen steht da das berühmte Wort »shalom«, was nur unzureichend mit »Frieden« übersetzt wird. Es meint aber all das, was der Mensch seit eh und je für sich und andere ersehnt und wünscht: Ruhe, Glück, Geborgenheit, Gesundheit, Zufriedenheit, Selbstverwirklichung, Lebensfreude, Harmonie: Mit einem Wort: Heil. Und diese Segenswünsche sind – nach biblischem Verständnis – nicht nur »zukünftig« oder rein »jenseitig« gemeint, sondern ganz real auf unser irdisches, menschliches Hier und Heute bezogen. Und wenn Gottes Name auf Israel »gelegt« wird, aber auch auf uns, dann besagt das, dass Israel wie auch wir wahrhaft Gottes Eigentum sind und seiner behütenden, bewahrenden Nähe sicher sein dürfen.

4.

Hoffentlich geht uns jetzt auf, wie platt und abgedroschen unsere so »üblichen« Neujahrswünsche gegenüber der Fülle und Ausdruckskraft dieser biblischen Bilder sind. Was ist schon »ein gutes neues Jahr« oder »prosit Neujahr« gegen »der Herr segne und behüte dich« und »schenke dir Heil«? Gegenüber diesem ermutigenden, kraftvollen Segenswunsch klingt das alles wie hilfloses, wenn auch gutgemeintes Geplapper. Weil wir einsehen müssen: »Mit unsrer Macht ist nichts getan, wir sind gar bald verloren«, dafür aber umso mehr gilt: »An Gottes Segen ist alles gelegen«. Solchermaßen von Gott »gesegnet«, sollen und können auch wir für andere »ein Segen sein«. Sein Heil, seine Zuneigung und Freundschaft zu uns, sein Friede und seine Versöhnung mit uns sollen durch uns auch der großen und kleinen Welt sichtbar und erfahrbar werden. Der menschgewordene Gottessohn möge uns dabei Vorbild und Ansporn sein. Gerade auch für dieses neue Jahr, das weithin noch dunkel und nebelhaft vor uns liegt. Gehen wir hinein im »Angesicht« Gottes und voll Vertrauen. Denn:

> »Komme, was mag. Gott ist mächtig!
> Wenn unsere Tage verdunkelt sind
> und unsere Nächte finsterer
> als tausend Mitternächte,
> so wollen wir stets daran denken,
> dass es in der Welt eine große,
> *segnende* Kraft gibt, die Gott heißt.
> Gott kann Wege aus der Ausweglosigkeit weisen.
> Er will das dunkle Gestern
> in ein helles Morgen verwandeln –
> zuletzt in den leuchtenden Morgen der Ewigkeit.«
> (Martin Luther King)

EPIPHANIE

Drei Weisen des Glaubens

Anbetung der Könige
Relieffragment (Italien um 1350)

Es hat sich mittlerweile herumgesprochen: Es waren keine Könige, sondern Magier, Sterndeuter aus dem Morgenland. Vielleicht aus Mesopotamien, dem heutigen Irak, näherhin aus Chaldäa, einem Zentrum der Sternkunde und Sterndeutung. Oder auch aus Persien. Außerdem waren es keine »drei«, sondern von unbekannter Zahl. Zu all dem hat sie erst die Volksphantasie und Volksfrömmigkeit gemacht. Doch auch der Kirchenvater Origenes gebraucht schon die Zahl »drei«, weil im Matthäusevangelium von Gold, Weihrauch und Myrrhe, den dem Kinde mitgebrachten Gastgeschenken, die Rede ist und darum an drei Personen denken lässt. Geschöpft aber haben sie alle aus dem Text des Propheten Jesaja, der am Festtag in der Liturgie vorgelesen wird und so lautet: »Völker wandern zu deinem Licht und Könige zu deinem strahlenden Glanz. Zahllose Kamele bedecken dein Land, Dromedare aus Midian und Efa. Alle kommen von Saba, bringen Weihrauch und Gold und verkünden die ruhmreichen Taten des Herrn« (Jes 60,3.6). Und auch Psalm 72, ein Hymnus auf den »Friedenskönig und sein Reich«, also messianisch gedeutet, hat Pate gestanden: »Die Könige von Tarschisch und von den Inseln bringen Geschenke, die Könige von Saba und Seba kommen mit Gaben. Alle Könige müssen ihm huldigen, alle Völker ihm dienen« (Ps 72,10–11). Seit dem 9. Jahrhundert werden sie auch mit Namen versehen: Kaspar (»Mann vom Kaspischen Meer«), Melchior (»König des Lichtes«) und Balthasar (»Baal = Der Herr schütze den König«). Seit der Überführung der Reliquien von Mailand nach Köln im Jahre 1164 durch den Erzbischof Rainald von Dassel hat sich Popularität und Verehrung der Dreikönige weithin verbreitet, gesteigert und gefördert durch Wallfahrten zum kostbaren Dreikönigsschrein im Kölner Dom. Und der mittelalterliche Brauch der von Haus zu Haus ziehenden und um Almosen bittenden Sternsinger stößt – erstaunlicherweise – auch in unseren Tagen auf breites Interesse und wachsende Beliebtheit unter der Bevölkerung. Trotzdem bleibt festzuhalten: Es ist das »Hochfest der Erscheinung des Herrn« – und nicht »Dreikönigstag«. Ein Herrenfest, kein Heiligenfest!

1.

Auf unserem Bild sehen wir nur die Dreikönige. Ohne Kind und Mutter, ohne Stern und Haus, die wohl im Laufe der Zeit abgebrochen und verloren gegangen sind. So müssen wir sie uns näher anschauen. Betrachten, was sie uns sagen: ihre Haltung, ihr Gesichtsausdruck, ihr ganzes Wesen. Denn hier nimmt der Glaube wirklich Gestalt an. Da ist der erste König, der älteste der drei. Ein Greis – seine kniende Gestalt von der Seite, sein Gesicht im Profil. Ganz gesammelt, ganz vertieft, voll Hingabe und Verehrung. Der lange Bart und das gelockte Haar mitsamt der großen Krone verleihen ihm Würde und Ansehen. Sein königlicher Mantel und die Schnabelschuhe deuten auf Reichtum und Macht hin. Und dann hält er sein Goldgefäß wie ein Weihegeschenk hoch. Ein kostbares Angebot. Und zugleich mit dieser Gabe bringt er sich selbst, sein Herz dar – dem göttlichen Kind. »Mein Herz will ich dir schenken, / und alles, was ich hab ...« Erfüllt von solch tiefer Hingabe geht er auch in die Knie. Oder mit den Worten des Apostels Paulus: »Ich weiß, wem ich geglaubt habe, und ich bin überzeugt, dass Jesus die Macht hat, das mir anvertraute Gut bis zu jenem Tag zu bewahren« (2 Tim 1,12). So erkennen wir hier: Glaube führt zur Anbetung!

2.

Dicht hinter ihm steht der zweite König. Ein Mann in den mittleren Jahren. Langhaarig und langbärtig. Ein vornehmes Gesicht, wache, aufmerksame Augen, den Mund leicht geöffnet, dem dritten König zugewandt. Mit der linken Hand drückt er sein Weihrauchgefäß fest an sich, mit der rechten Hand und dem ausgestreckten Zeigefinger weist er nach vorn. Besser: nach oben. »Und siehe, der Stern, den sie hatten aufgehen sehen, zog vor ihnen her bis zu dem Ort, wo das Kind war; dort blieb er stehen« (Mt 2,9). Dorthin also weist sein Finger. Kein moralischer oder gar drohender, sondern ein hinweisender, hindeutender Zeigefinger. Ein Finger also, der belehren und bezeugen will. Auch wenn das heute für viele einen schlechten Beigeschmack hat: Belehrung, Unterweisung ist nötig und unumgänglich, um überhaupt zu Verstand und Verständnis zu kommen. Darum ist oft so viel Un-verstand, Unwissen, Halbwissen unter uns verbreitet, weil wir das durch Gespräch – besser: Geschwätz – ohne Hintergrundwissen ersetzen wollten. Darum wird so viel aneinander vorbeigeredet statt miteinander geredet. Der Glaube lebt genau so vom Hören, vom Lehren und Belehren, vom Einüben und Vertiefen. Wir können nicht glauben, ohne den Glauben auch zu kennen, zu wissen, was wir glauben. Erst durch Belehrung und Kenntnis führt er auch zum Zeugnis. Wiederum mit den Worten eines Paulus: »In der Schrift heißt es: Ich habe geglaubt, darum habe ich geredet. Auch wir glauben, und darum reden wir« (2 Kor 4,13). Es ist wahr: Glaube braucht Belehrung und Zeugnis!

3.

Und schließlich der dritte König. Ein junger Mann. Ganz dem Betrachter zugewandt. Bartlos. Lockig. Fast noch ein pausbäckiges Kindergesicht. Gerade darum anziehend, liebenswert. Eingehüllt in einen langen, faltenreichen Reisemantel mit zurückgeschlagener Kapuze. Sein Myrrhegefäß hält er – wie einen kostbaren Schatz – mit beiden Händen fest an sich gepresst. Und dann dieses kindlich-strahlende Gesicht! Diese ungetrübte Freude! »Als sie den Stern sahen, wurden sie von übergroßer Freude erfüllt« (Mt 2,10). Jetzt ist klar: Der Aufbruch ins Ungewisse hat sich gelohnt. Die Suche ist zu Ende, Das gesteckte Ziel ist erreicht. »Sie gingen in das Haus und sahen das Kind und Maria, seine Mutter; da fielen sie nieder und huldigten ihm« (Mt 2,11). Oder noch einmal mit einem Pauluswort: »Ich danke dem, der mir Kraft gegeben hat: Christus Jesus, unserem Herrn. Er hat mich für treu gehalten und in seinen Dienst genommen« (1 Tim 1,12). So gilt: Glaube schenkt Freude und Dankbarkeit!
So sehen wir sie vor uns – fast miteinander verwachsen. Die Dreikönige: der Greis, der Mann, der Jüngling. Zugleich symbolisieren sie die drei Lebensalter des Menschen. Oder auch die damals bekannten drei Erdteile und Rassen. So erscheint mit ihnen gleichnishaft die ganze Menschheit vor dem menschgewordenen Got-

tessohn. Am schönsten aber scheint mir dies zu sein: In diesen drei Weisen aus dem Morgenland erkenne ich die drei »Weisen des Glaubens«. Auf dreifache Weise wird mir der Glaube vor Augen geführt. Zuerst braucht es den Hinweis, die Unterweisung des Glaubens, zusätzlich verdeutlicht durch Zeichen und Zeugnis. Daraus erwachsen Freude über und Dankbarkeit für den Glauben, den man angenommen und eingeübt – »verinnerlicht« – hat. Und in letzter Konsequenz mündet dann der Glaube in demütige Hingabe und Anbetung. Ist das nicht sehr schön an diesen drei Gestalten abzulesen? Könnten wir nicht von ihnen »Glauben lernen«? Und auch dies sollten wir nicht vergessen: Mit reichen, kostbaren Geschenken sind sie zum göttlichen Kind hingezogen. Aber viel reicher und kostbarer durch seine Gnade und Zuwendung beschenkt »zogen sie auf einem anderen Weg heim in ihr Land« (Mt 2,12). Warum? Weil er uns durch sein Menschsein ein neues Ansehen, neuen Wert und neue Würde verliehen hat. Weil für sie, aber auch für uns Wirklichkeit geworden ist: »Jesus liebt uns und hat uns von unseren Sünden erlöst durch sein Blut; er hat uns zu Königen gemacht und zu Priestern vor Gott, seinem Vater« (Offb 1,6).

Vom Osten in den Westen

Sie hat nichts von ihrem geheimnisvollen Charakter eingebüßt. Jedes Jahr hören wir sie immer wieder mit Staunen und Verwunderung, diese wundersame Geschichte, die uns längst vertraut ist: »Als Jesus zur Zeit des Königs Herodes in Bethlehem in Judäa geboren war, siehe, da kamen Sterndeuter aus dem Osten nach Jerusalem und fragten: Wo ist der neugeborene König der Juden? Wir haben seinen Stern im Osten aufgehen sehen und sind gekommen, um ihm zu huldigen«. Gelehrte Männer, begabte Sterndeuter kamen also aus dem Osten, dem »Orient«, wie es im Lateinischen heißt. Von uns auch »Morgenland« genannt. Vielleicht näherhin aus Mesopotamien, dem heutigen Irak, auch der Heimat Abrahams. Ein merkwürdiger Stern, ein verheißungsvolles Gerücht haben ihnen genügt, um den Aufbruch ins Dunkel und Ungewisse zu wagen. Verbunden mit dem Risiko, am Ende als Narren oder traurige Verlierer dazustehen. Ungeachtet aller Hemmnisse und Hindernisse, aller Bedenken und offenen Fragen, die sich daraus ergeben. So kamen sie aus dem Osten in den Westen, aus dem »Morgenland« in das »Abendland«. Sie kamen nicht als Touristen, um fremde Kulturen anzuschauen. Auch nicht als Botschafter, um Kultur- und Wirtschaftsaustausch anzukurbeln. Nicht einmal, um Entwicklungshilfe für die Dritte Welt zu erbitten. Erst recht nicht, um Supermärkte anzustaunen und Riesengeschäfte abzuwickeln. Nein: Sie kamen einzig und allein, um den »neugeborenen König der Juden« zu suchen und ihm zu huldigen. Nicht mehr und nicht weniger.

1.

Darauf war man im Westen nicht gefasst. »Als der König Herodes das hörte, erschrak er und ganz Jerusalem mit ihm.« Die Frage und Suche der Ausländer treffen ins Schwarze. Dem muss man auf den Grund gehen. Sofort nachfragen und nachforschen, was da dran ist. Und die Auskunft über diese mysteriöse Anfrage lässt nicht lange auf sich warten. Priesterschaft und Theologenschaft wissen augenblicklich Bescheid, holen ihre Bücher und finden auf Anhieb Hinweise und Bestätigungen: »In Bethlehem, im Lande Juda ... denn aus dir geht hervor der Führer, der mein Volk Israel leiten soll«. Doch die Reaktion auf den ersten Schrecken ist ganz unterschiedlich. Bei den geistlichen Herren kein Funke Neugier, sondern unverhohlene Gleichgültigkeit. Nach dem bei geistlichen wie weltlichen Behörden besonders beliebten Motto: abwarten. Die Sache erst einmal ruhen lassen. Am besten die ganze Angelegenheit aussitzen. Ganz anders beim weltlichen Herrn. Da wächst schlagartig das Misstrauen. Angst vor dem Rivalen. Sicher auch schon erste Gedanken an Mord. All das hat der verwunderliche, verwirrende Auftritt dieser Fremden ausgelöst. Und die waren schließlich froh, »überfroh«, als sie sich am wieder aufleuchtenden Stern neu »orientieren« konnten und am ersehnten Ziel – nach langem Hoffen und Bangen – anlangten. »Sie gingen in das Haus, sahen das Kind mit Maria, seiner Mutter, fielen nieder und huldigten ihm.« Ihre Sehnsucht wurde wunderbar gestillt.

2.

Sie kamen aus dem Osten und zogen in den Westen. Ohne jede Unterstützung und Begleitung durch die, die es besser wussten und zuerst betraf. Wir mögen uns darüber wundern und den Kopf schütteln: Es ist die Wahrheit! Ungerührt, unbeschwert, ohne schlechtes Gewissen bleiben sie an Ort und Stelle hocken. Zu bequem, den Weg zum Heil in Bethlehem zu weisen, geschweige denn, sich selbst auf den Weg zum Heil zu machen. Ein trauriges Kapitel von Halbherzigkeit, Gleichgültigkeit und Glaubensschwäche. Und das hat sich seitdem immer wiederholt. Wie viele Fragende und Suchende kamen aus dem Osten und zogen in den Westen – und keiner hat ihnen den Weg nach Bethlehem gezeigt oder auf die »Sternstunde« der Menschheit verwiesen. Mahatma Gandhi war als Hindu ganz nahe daran, Christ zu werden. Als er das unmenschliche und zutiefst unchristliche Apartheid-System Südafrikas erlebte, hat er davon Abstand genommen, wenn er auch zeitlebens eine tiefe Verehrung für Jesus gehegt hat. Mao Tsetung hat »Das Kapital« von Karl Marx ins Chinesische übersetzt, und Tschu En-lai hat in Paris und Berlin studiert. Eine Bibel hat ihnen wohl keiner in die Hand gedrückt. Und überzeugende Christen haben sie wohl auch nicht erlebt. Was sie später in China mit ihrer verheerenden, grausamen »Kulturrevolution« angerichtet haben, wissen wir zur Genüge. Mohammed Atta kam aus dem Osten, aus Kairo, und zog in den Westen, nach Hamburg, um Elektrotechnik zu studieren. Nach Aussagen seiner Nachbarn »ein unauffälliger, fleißiger junger Mann«. Sein Hass auf den verkommenen Westen wurde gewiss nicht durch beispielhafte Christen aufgehoben, sondern durch das, was er auch in dieser Stadt sah und erlebte, noch zementiert. Sein Fanatismus und Flug auf das World Trade Center haben ihn und Tausende von unschuldigen Menschen in den Tod gerissen. Hunderttausende kamen nach dem Fall des Eisernen Vorhangs und der Berliner Mauer vom »kärglichen« Osten in den »goldenen« Westen. Getrieben von der Sehnsucht nach dem Gelobten Land, von der Suche nach dem großen Glück. Aber man hat sie nicht zum »Licht der Welt« geführt, sondern ins gleißende Licht der vollen Kaufhäuser und Sexshops, ins schummrige Licht von Drogen, Rausch und Verbrechen. Verführt und verloren sind nicht wenige schrecklich gescheitert. Der »Glücksstern« ist nicht über ihnen aufgegangen, der ihnen auf ihrem Weg hätte leuchten können. Ein Absturz in Verlorenheit und Sinnlosigkeit. Ja, »Orientierungslosigkeit« in erschreckendem Maße!

3.

Sie kamen aus dem Osten und zogen in den Westen. Aber auch mit ganz bestimmter Absicht und fester Entschlossenheit. Heere des Islam überrannten im 7./8. Jahrhundert weite christliche Gebiete – das Heilige Land, Ägypten, Kleinasien (heute Türkei), Nordafrika bis Spanien – und unterwarfen sie ziemlich schnell und leicht, weil der christliche Glaube saft- und kraftlos geworden war, »das Salz seine Würze verloren« hatte und zu nichts mehr taugte, als zertreten zu werden (Mk 9,50). Der Stern von Bethlehem war versunken, sein Licht erloschen. Aber auch heute kommen viele aus dem Osten zu uns. Aufgeschreckt, abgeschreckt durch unseren krassen, platten Materialismus, die ausufernde Sittenlosigkeit und wachsende Religionslosigkeit. Umso mehr dazu gedrängt, ihre »östlichen« Weisheiten, Heilslehren und Lebensformen der »westlichen« unchristlichen Gesellschaft anzubieten und schmackhaft zu machen. Mit nicht geringem Erfolg. Hindus und Buddhisten weisen Wege zur Selbsterlösung, in ihrem Gefolge Gurus und Yogis aller Art. Esoterische Gruppen und okkulte Kreise, daneben fragwürdige Heiden- und Hexenkulte bis hin zu widerwärtigen Satanskulten sprießen an allen Ecken und Enden hervor und versprechen den verunsicherten und verwirrten Menschen »Selbstheilung« und »Selbstfindung«. Aber auch der Islam gewinnt im Westen an Boden, baut überall Moscheen und grenzt sich zugleich von unserer oberflächlichen »Lust- und Spaßgesellschaft« äußerlich und innerlich ab. Dies alles sehen und erfahren wir im so genannten »christlichen Abendland« der Kreuze, Klöster und Kathedralen! Und daneben wächst die Zahl derer, die nichts mehr glauben. Nach Christentum, Islam und Hinduismus sind sie die viertgrößte »Weltreligion«!

4.

Sie kamen aus dem Osten und zogen in den Westen. Ein traurig-tragisches Dilemma also? Gott sei Dank: nicht nur! Denn da gab es nicht nur die Weisen aus dem Morgenland, die das Heil, den Heiland suchten und fanden. Zahllosen Frauen und Männern nach ihnen ging es ebenso. Beglückt und von ihm überzeugt wurden sie zu Zeuginnen und Zeugen jenes Heils, das wahrhaft und leibhaft unter uns, in dieser Welt erschienen ist. Und sie haben Ernst gemacht mit dem Auftrag dessen, der für uns Mensch geworden, gestorben und auferstanden ist, dass sein Stern, sein Heil über allen Menschen aufgehen möge: »Geht zu allen Völkern, und macht alle Menschen zu meinen Jüngern; tauft sie ... lehrt sie ...« (Mt 28,19–20). Und sie haben es getan, sind vor die Menschen hingetreten – freimütig und glaubenserfüllt – und nicht selten mit Leib und Leben dafür eingestanden. Als erste die Apostel. Allen voran Petrus. Und dann ganz besonders ein Paulus, der unermüdlich durch die halbe Welt bis in den Westen, nach Rom gezogen ist, unter Mühen und Beschwerden, unter Anfeindung und Verfolgung bis hin zur Gefängnishaft und Hinrichtung, um dies den Menschen auszurichten: »Denn ich hatte mich entschlossen, bei euch nichts zu wissen außer Jesus Christus, und zwar den Gekreuzigten ... Wir verkündigen, wie es in der Schrift heißt, was kein Auge gesehen und kein Ohr gehört hat, was keinem Menschen in den Sinn gekommen ist: das Große, das Gott denen bereitet hat, die ihn lieben« (1 Kor 2,2.9). Das ist der Grund, warum diese frohe Botschaft und der befreiende Glaube an Jesus Christus auch zu uns vor weit mehr als tausend Jahren gelangt ist. Und auch heute haben wir wieder Frauen und Männer unter uns, die aus dem Osten in den Westen kamen – Ordensschwestern, Priester, Laien aus Indien und anderen Teilen Asiens und Afrikas, auch aus Osteuropa –, um uns im Glauben zu unterstützen und im Alltag weiterzuhelfen. Um den christlichen Glauben wachzuhalten. Denn es ist leichter, Heiden zum Christentum zu bekehren als Christen, die wieder ins Heidentum zurückgefallen sind. So stimmt doch die alte Verheißung; »Ex oriente lux«. Aus dem Osten das Licht. Oder mit unseren Worten: »Im Osten geht die Sonne auf ...« Möge dieses Licht des Glaubens, diese Sonne des Heils über uns nie verlöschen. Jesu Wort soll uns dabei Ermutigung und Trost sein: »Ich sage euch: Viele werden von Osten und Westen kommen und mit Abraham, Isaak und Jakob im Himmelreich zu Tische sitzen ...« (Mt 8,11).

Vom wahren Reichtum

Kinder können unermüdlich fragen. Und sie erwarten ernste, überlegte, überzeugende Antworten. Auch an Weihnachten. Und da zu den märchenhaften, geheimnisvollen Weisen aus dem Morgenland mit ihren Gaben Gold, Weihrauch und Myrrhe. Namen, die die kindliche Phantasie wecken. Schätze, die kaum in einem gewöhnlichen Haushalt zu finden sind. Gold – das kennt und wünscht sich fast jeder Mensch. Um seinen Besitz haben Völker fremde Länder erobert, sich bekriegt und sich niedergemetzelt. »Nach Golde drängt, am Golde hängt doch alles. Ach, wir Armen!«, heißt es schon in Goethes »Faust«. Im alten Israel hat man nie Gold gefunden. Jenes gelbe Metall aus den Minen des Königs Salomo war Kupfer, ein in der Antike nützlicheres Metall. Weihrauch und Myrrhe aus Südarabien, Äthiopien, Indien, Somalia sind im Allgemeinen von den Menschen weniger begehrt. Als wohlriechende Duftstoffe sind sie heute von anderen Wohlgerüchen oder Duftstäbchen verdrängt worden. Wenn Weihrauch, dann nur noch in der Liturgie der katholischen oder orthodoxen Kirche. Das war im Orient, auch in Israel, anders. In der Anweisung für Speiseopfer heißt es: »Wenn jemand dem Herrn ein Speiseopfer darbringt, muss seine Opfergabe aus Feinmehl bestehen, auf das er Öl gießen und Weihrauch legen soll … und der Priester lasse sie auf dem Altar als Gedächtnisopfer in Rauch aufgehen, als ein Feueropfer zum beruhigenden Duft für den Herrn« (Lev 2,2). Mit dem Weihrauch soll also die reine Anbetung des Allerhöchsten ausgedrückt sein. So wird er zum Symbol des Gebetes schlechthin: »Wie Weihrauch steige mein Gebet zu dir auf …« (Ps 141,2). Myrrhe war in Israel zwar eine gebräuchliche, aber dennoch teure Ware. Von Bäumen als Saft abgezapft, wird daraus eine dicke helle, später rotbraune Paste, die hart wird und einen lieblichen Geruch verbreitet, dafür aber einen bitteren Geschmack hatte. Pulverisiert stellte man daraus »heilige Salben« her. Nachzulesen im Alten Testament in einer Weisung Gottes an Mose: »Nimm dir Balsam

von bester Sorte: fünfhundert Schekel erstarrte Tropfenmyrrhe ... Zimt ... Gewürzrohr ... Olivenöl ... mach daraus ein heiliges Salböl, eine würzige Salbe. Salbe das Offenbarungszelt, die Bundeslade, den Tisch und den Leuchter mit ihren Geräten und den Rauchopferaltar ... Auch Aaron und seine Söhne sollst du salben und sie weihen, damit sie mir als Priester dienen« (Ex 30,22–33).
Archäologen haben entdeckt, dass reiche Verstorbene duftende Myrrhesäckchen am Hals trugen – so wie wir Parfüm oder Kölnisch Wasser benutzen. Mit Myrrhe hat man aber auch den Wein gewürzt und so ihn schmackhafter gemacht. Sie wurde aber auch den Verurteilten vor der Hinrichtung gereicht, um ihnen den qualvollen Tod zu mildern.

1.

Von den vielen Fragen der Kinder sind wir ausgegangen. Vielleicht sind sie von Gold, Weihrauch und Myrrhe gar nicht sonderlich beeindruckt. Es stimmt: Was soll auch ein kleines Kind mit solchen Geschenken anfangen? Es wird allenfalls das tun, was alle kleinen Kinder tun: danach grapschen und es in den Mund stecken. Und dann muss man es schleunigst wieder herausholen. Auf solche Geschenke sind höchstens Erwachsene erpicht. Aber Kinder? Oder ist das Jesuskind eine Ausnahme? Und die heilige Familie – was macht sie mit diesen Gastgeschenken, wenn sie kurz darauf vor dem Tyrannen nach Ägypten fliehen muss?
Halt, sagen da gleich die Theologen, das alles darf man nicht »real«, sondern muss es »symbolisch« verstehen. Das Gold zeigt an: Dieses Kind ist ein König. Und dem ist das Gold natürlich angemessen. Der Weihrauch bedeutet: Dieses Kind ist Gottes Sohn. Also gebührt ihm auch Verehrung und Anbetung. Und die Myrrhe besagt: Dieses Kind ist aber auch ganz Mensch, es wird leiden und sterben müssen. Das stimmt. Uns wird ja berichtet, dass die Soldaten Jesus kurz vor seiner Kreuzigung »Wein, der mit Myrrhe gewürzt war« reichten, den er aber nicht annahm (Mk 15,23). Und noch bemerkenswerter: Nach Jesu Tod und Kreuzesabnahme brachte Nikodemus »eine Mischung aus Myrrhe und Aloe, etwa hundert Pfund«, um den Leichnam »mit wohlriechenden Salben«

einzubalsamieren (Joh 19,39–40). Hier wird also die erste »Liebesgabe« der Weisen für Jesus zum letzten »Liebesdienst« an Jesus. Also machen diese »königlichen« Gaben nur auf das Geheimnis aufmerksam, das sich hinter diesem Kind verbirgt.

2.

Das lässt sich lüften, sagen uns die Ausleger der Heiligen Schrift. Die Motive und Bilder stammen samt und sonders aus dem Alten Testament, näherhin aus dem Propheten Jesaja und seiner Vision von der aufleuchtenden Herrlichkeit Gottes über Jerusalem und der Völkerwallfahrt dorthin: »Denn der Reichtum des Meeres strömt dir zu, die Schätze der Völker kommen zu dir. Zahllose Kamele bedecken dein Land, Dromedare aus Midian und Efa. Alle kommen von Saba, bringen Weihrauch und Gold und verkünden die ruhmreichen Taten des Herrn« (Jes 60,5–6). Und Matthäus mit der ganzen christlichen Gemeinde sieht das alles in Jesus verwirklicht, zu dem nun die Heiden mit ihren Gaben, vertreten durch die Weisen aus dem Morgenland, pilgern und ihm als dem Heiland aller Welt huldigen. So treten sie aus dem Dunkel und folgen dem »aufstrahlenden Licht«, dem »göttlichen Stern«. So schieben sie ihre Götter und Götzen beiseite und huldigen dem einen, wahren Gott, der in Jesus in dieser Welt erschienen ist. Was für ein großartiger Entwurf, was für eine weltverändernde Sicht!

Alles wunderschöne Gedanken und überzeugende Einsichten. Für mich aber sind das eigentliche Wunder und das größte Geheimnis, dass dieses Kind die ehernen Gesetze der Menschen von Oben und Unten, von Arm und Reich, von Macht und Ohnmacht, von Glanz und Elend verschoben, ja durcheinander gebracht hat. Beispielhaft an diesen namenlosen Sterndeutern abzulesen. Denn ihre Größe und Weisheit bestand nicht darin, dass sie wagemutig einem Gerücht und einem Stern gefolgt und in unbekanntes Land gezogen sind. Nicht darin, dass sie sich nicht von gleichgültigen Hoftheologen verunsichern und einem hinterhältigen Machthaber verführen ließen. Nicht darin, dass sie den einmal eingeschlagenen Weg nicht abgebrochen und ihren Entschluss zu suchen nicht aufgegeben haben. Nein: Ihre Größe und Weisheit bestand darin, dass sie vor einem kleinen, unscheinbaren Allerweltskind auf dem Schoß seiner jungen Mutter den Heiland der Welt erkannten, ihre Knie beugten und ihm ihre mitgeschleppten Schätze anboten. Das war fürwahr ein »seltsamer« und zugleich »wundersamer« Tausch, der sich hier vollzog und den unsere Weihnachtsliturgie zu bestaunen und zu bejubeln nicht müde wird.

3.

Auf seine Weise hat das Paulus so ausgedrückt: »Denn ihr wisst, was Jesus Christus, unser Herr, in seiner Liebe getan hat: Er, der reich war, wurde euretwegen arm, um euch durch seine Armut reich zu machen« (2 Kor 8,9). Genau das haben unsere großen Maler begriffen, wenn sie den Aufmarsch der Weisen in Prunk und Pracht bei einem kleinen, »nackten« Kind auf dem Schoß seiner Mutter enden ließen. Denn dem Reichtum der Menschen setzt Gott seine Armut entgegen. Und dem Größenwahn des Menschen stellt Gott seine Niedrigkeit vor Augen. Und gegen alle menschliche Habsucht zeigt er sich als göttlicher Habenichts. Ja, darum waren die Weisen weise genug, nicht auf sich, auf ihre Bildung, ihren Wagemut, ihre Entschlossenheit, ihre gutgemeinten Schätze zu verweisen, sondern anzunehmen, was dieses kleine, nackte Kind ihnen anbietet: göttliches, ewiges Leben. So ist das Antlitz der Erde neu geworden! All das fasst der Kirchenlehrer Gregor von Nazianz so einfach und doch eindrucksvoll in diesen Gedanken zusammen:

> »Werden wir wie Christus,
> da Christus uns gleich geworden ist!
> Werden wir seinetwillen Götter,
> da er unseretwegen Mensch wurde.
> Das Geringere nahm er an, um uns das Bessere zu geben.
> Er wurde arm, damit wir durch seine Armut reich würden.
> Er nahm Knechtsgestalt an, damit wir die Freiheit erhielten.
> Er stieg auf die Erde herab, damit wir erhöht würden.
> Er ließ sich versuchen, damit wir siegen.
> Er ließ sich entehren, um uns zu ehren.
> Er starb, um uns zu retten.

Er fuhr zum Himmel, um die,
die von der Sünde zu Boden gestreckt wurden,
an sich zu ziehen.
Alles möge man ihm geben, ihm opfern,
der sich als Lösegeld für uns hingegeben hat!
Keine Gabe aber wird wertvoller sein als die eigene Person,
sofern sie dieses Geheimnis erfasst
und um Christi willen alles ist,
was er unseretwegen war.«

Was bleibt uns da übrig, als einander zuzurufen: Kommt, lasset uns anbeten den König, den Herrn!

Bild- und Quellennachweis

S. 11 Westportal der westromanischen Walterichskapelle am Nordturm der evangelischen Stadtkirche in Murrhardt. © Bildarchiv Foto Marburg

S. 27 Die klugen und die törichten Jungfrauen, Tympanon an der Galluspforte des Münsters zu Basel (3. Viertel 12. Jh.)

S. 32 Frans Masereel, Mitten unter euch ist einer, den ihr nicht kennt, Holzschnitt (um 1958). © VG Bild-Kunst, Bonn 2002

S. 43 Dietrich Bonhoeffer, Widerstand und Ergebung. Briefe und Aufzeichnungen aus der Haft. Hrsg. von Eberhard Bethge, © Chr. Kaiser/Gütersloher Verlagshaus GmbH, Gütersloh. Briefe (in der Reihenfolge der Zitation) vom 14.6.1943, 24.6.1943, 17.1.1945, 23.8.1944.

S. 52 Rose Ausländer, Einsame Weihnachten. Aus: dies., Die Erde war ein atlasweißes Feld. Gedichte 1927–1956. © S. Fischer Verlag GmbH, Frankfurt am Main, 1985

S. 63 HAP Grieshaber, Weihnachten, Holzschnitt (1963). © VG Bild-Kunst, Bonn 2002

S. 77 Bertolt Brecht, Maria. Aus: Bertolt Brecht, Werke. Große kommentierte Berliner und Frankfurter Ausgabe, Band 13, © Suhrkamp Verlag Frankfurt 1993

S. 81 Geburt Christi, Krypta der Kathedrale von Chartres (13. Jh.)

S. 84 Geburt Christi, aus der »Sachsenchronik« (1492)

S. 121 Anbetung der Könige, Relieffragment (Italien um 1350)